DÉLIRONS AVEC LÉON

BD, GAGS, JEUX ET PLUS ENCORE !

SPÉCIAL JEUX D'HIVER

PAR

ANNIE GROOVIE

Vas-y, Léon !
T'es capable!

Un merci tout spécial
à Alain Goldberg,
Stéphanie Normand,
Joëlle Robichaud-Dion,
Jasey-Jay Anderson,
Alexandre Bilodeau,
Alex Harvey,
Jean Labonté,
Jean-Philippe Le Guellec,
Dominique Maltais,
Kalyna Roberge,
Joannie Rochette,
Geneviève Simard,
Kim St-Pierre et
François-Louis Tremblay.

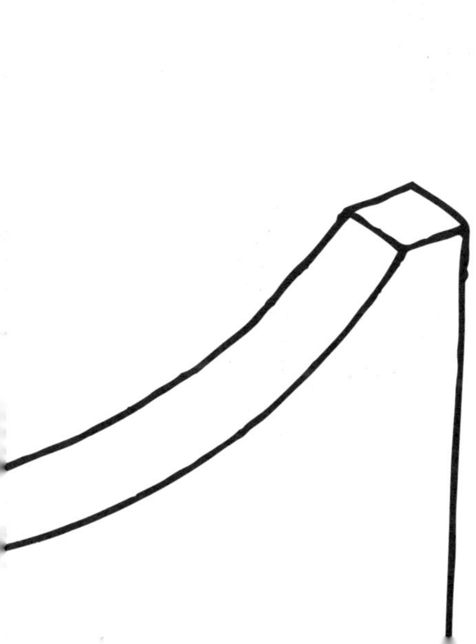

6

AU secours!

EN VEDETTE :
LÉON,
NOTRE SUPER HÉROS

ET SES AMIS,
LE CHAT
LOLA
!?
!!

TABLE DES MATIÈRES

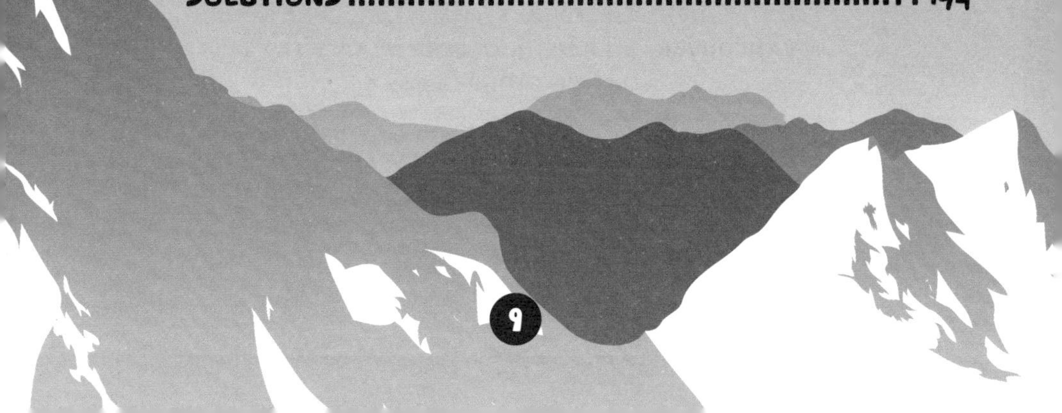

AH, LES OLYMPIQUES ! COMMENT PASSER À CÔTÉ D'UN TEL ÉVÉNEMENT, SURTOUT QUAND IL A LIEU DANS SON PROPRE PAYS. WOW, QUEL HONNEUR ! PENSEZ-Y : 5500 ATHLÈTES ET OFFICIELS QUI VIENNENT DE 80 PAYS DIFFÉRENTS ET QUI SERONT REGARDÉS PAR 3 MILLIARDS DE SPECTATEURS DANS LE MONDE ENTIER ! CE N'EST PAS RIEN.

ON PEUT SE COMPTER CHANCEUX DE VIVRE CELA, CAR ÇA N'ARRIVE PAS TRÈS SOUVENT. LA DERNIÈRE FOIS QUE LES JEUX ONT EU LIEU AU CANADA, C'ÉTAIT À CALGARY, EN 1988... QUAND MÊME !

POUR L'OCCASION, À MON AVIS, IL FALLAIT À TOUT PRIX CRÉER UN AUTRE NUMÉRO SPÉCIAL SUR LES OLYMPIQUES AVEC LÉON. ET CETTE FOIS-CI, EN PLUS, ÇA TOMBAIT BIEN, CAR C'ÉTAIENT DES JEUX D'HIVER ! CELA VOULAIT DONC DIRE D'AUTRES SPORTS, D'AUTRES ATHLÈTES ET PLEIN DE NOUVEAUX TRUCS À VOUS FAIRE DÉCOUVRIR. YÉ ! J'AI PENSÉ QUE VOUS AIMERIEZ ÇA...

ALORS, CHERS AMIS DU CANADA, DE ST-JOHN'S À WHITEHORSE, EN PASSANT PAR WINNIPEG ET SHIPPAGAN, SORTEZ TAMBOURS ET TROMPETTES, CAR CETTE ANNÉE, LA PLUS GRANDIOSE FÊTE DU SPORT A LIEU CHEZ NOUS, À VANCOUVER. ON A DE QUOI ÊTRE VRAIMENT FIERS, VOUS NE TROUVEZ PAS ?

BONS JEUX !

AnnieGroovie

Je suis au sommet de ma forme !

PETIT HISTORIQUE DES OLYMPIQUES

Les Jeux olympiques, ça ne date pas d'hier... Il s'agit du plus grand événement sportif de la planète et, lorsqu'ils commencent, que ce soit l'hiver ou l'été, tout le monde vit au rythme des compétitions. En fait, les Olympiques relèvent d'une tradition beaucoup plus ancienne que la musique qu'écoutent vos parents !

TOUT AU DÉBUT...

Les Jeux olympiques ont eu lieu pour la première fois en Grèce. On les appelle les Olympiques pour deux raisons : d'abord parce qu'ils étaient consacrés aux dieux grecs, qui habitaient l'Olympe, une espèce de paradis, mais aussi parce qu'ils se tenaient près de la ville d'Olympie. Imaginez : ces Jeux ont vu le jour en 776 av. J.-C. !

Comme en Grèce le climat est généralement beaucoup plus doux et chaud qu'ici, on y présentait toutes sortes d'épreuves qui ressemblent un peu aux compétitions organisées aujourd'hui aux Jeux olympiques d'été : les courses de chevaux (avec ou sans chars), le pugilat (l'ancêtre de la boxe), la lutte, la course et les divers lancers (du javelot et du disque, par exemple). À cette époque, les athlètes compétitionnaient la plupart du temps nus (oui, nus comme des vers !) et s'enduisaient d'huile pour échauffer leurs muscles et éviter la déshydratation. Est-ce qu'on pourrait voir ça de nos jours ? Hum... pas sûr ! En tout cas, certainement pas aux Jeux olympiques d'hiver ! En fait, la version hivernale des Jeux n'existait pas encore durant l'Antiquité... Il a fallu attendre plusieurs siècles avant de voir les athlètes performer sur la glace ou dans la neige.

OH, OH...

Vers 393 apr. J.-C., les Romains, peuple d'une grande puissance, ont décidé d'interdire les Jeux. Pourquoi ? Parce que Théodose Ier, leur empereur, avait déclaré que le christianisme serait la nouvelle religion officielle de l'Empire. Comme les Jeux olympiques tels qu'ils avaient été conçus étaient dédiés aux multiples dieux grecs, ils déplurent aux Romains, qui voulaient voir la religion chrétienne s'imposer chez tous les peuples sur lesquels ils régnaient. C'est la raison pour laquelle ce grand événement sportif a été aboli. Dommage, les Grecs avaient pourtant l'air de bien s'y amuser !

VIVE M. DE COUBERTIN !

C'est grâce au Français Pierre de Coubertin, un fanatique de sport, que les Jeux olympiques ont repris vie... après un intermède de 1400 ans ! Les premiers « nouveaux » Jeux ont eu lieu il y a 114 ans, à l'été 1896. Les Jeux olympiques d'hiver sont apparus beaucoup plus tard, puisqu'on s'était d'abord inspiré des Jeux grecs, qui se déroulaient sous des températures chaudes. Cependant, en 1908, comme les patinoires réfrigérées intérieures avaient été inventées, les organisateurs ont décidé d'inscrire le patinage aux compétitions d'été. Par la suite, le hockey sur glace s'est ajouté, en 1920.

Rapidement, on a réalisé qu'il y avait plusieurs épreuves d'hiver vraiment cool et que c'était bien mieux de les organiser durant la bonne saison ! Avez-vous déjà essayé de faire du ski de fond sur votre gazon ? C'est pas mal moins évident que sur un sentier enneigé ! Il a donc fallu attendre jusqu'en 1924 pour assister aux premiers

Jeux olympiques d'hiver, à Chamonix, en France. Outre le patinage et le hockey, qui avaient déjà fait partie des Jeux d'été, le biathlon, le bobsleigh, le curling, le ski de fond et le combiné nordique ont constitué les premières épreuves. Un peu moins de 250 concurrents provenant d'une quinzaine de pays ont participé à ces Jeux.

Aujourd'hui, que ce soit l'été ou l'hiver, il y a beaucoup plus d'athlètes qui compétitionnent durant l'événement. Lors des derniers Jeux d'hiver, à Turin, en Italie (2006), environ 2500 athlètes représentant 80 pays différents ont pu démontrer tout leur talent. C'est quand même 10 fois plus qu'au début !

UN DRAPEAU BIEN PENSÉ

Devinez qui a conçu l'emblème du drapeau olympique ? Eh oui, Pierre de Coubertin lui-même ! Il en avait, des idées, ce monsieur ! L'emblème des Jeux est donc formé de cinq anneaux colorés (bleu, noir, rouge, jaune et vert) entrelacés sur un fond blanc, qui symbolisent les cinq continents : l'Afrique, l'Amérique, l'Europe, l'Asie et l'Océanie. Ces couleurs précises (en comptant le blanc) ont par ailleurs été choisies pour que la majorité des pays puissent en reconnaître au moins une qui figure sur leur drapeau national. Cela représente bien l'esprit de fraternité qui règne durant cette grande fête du sport.

UN SYMBOLE TRÈS PARTICULIER

Vous avez sûrement déjà aperçu l'emblème des Jeux de Vancouver, mais savez-vous de quoi il s'agit ? Eh bien, c'est un inukshuk, une sculpture faite de pierres posées les unes sur les autres pour former la silhouette d'un être humain. Les Inuits l'utilisent comme point de repère dans les immenses territoires arctiques du nord canadien. Les athlètes n'auront donc pas de difficulté à trouver leur chemin à Vancouver !

Au fil des années, l'inukshuk est devenu un symbole d'espoir et d'amitié. Avec ses bras grands ouverts, il semble prêt à accueillir les peuples du monde entier. C'est donc un emblème idéal pour des Jeux olympiques !

LA FLAMME OLYMPIQUE

UN LONG VOYAGE «TOUT FEU, TOUT FLAMME»!

LE 30 OCTOBRE DERNIER, LA FLAMME OLYMPIQUE DES JEUX D'HIVER 2010 A ENTAMÉ SON PARCOURS DE 45 000 KM AU CANADA, QUI DURERA PAS MOINS DE 106 JOURS, SOIT JUSQU'AU 12 FÉVRIER PROCHAIN! ELLE EN VERRA, DU PAYS, CETTE FLAMME... ESPÉRONS QU'ELLE NE S'ÉTEINDRA PAS AVANT D'ARRIVER À DESTINATION! MAIS D'OÙ VIENT-ELLE ET COMMENT SE DÉROULE SON VOYAGE?

UNE VIEILLE TRADITION

La tradition de la flamme olympique remonte à la Grèce antique. Les habitants de ce pays considéraient le feu comme un genre de dieu; c'est pour cette raison (et non pour se réchauffer!) qu'ils avaient l'habitude d'entretenir un feu perpétuel devant leurs temples. Afin de souligner l'importance des Jeux olympiques, dont ils sont les créateurs, les Grecs ont donc décidé d'allumer une grosse flamme, dans le cadre d'une cérémonie qui s'est tenue à Olympie (là où les premiers Jeux de l'histoire ont eu lieu). À cette occasion, une femme a utilisé un miroir parabolique pour concentrer les rayons du soleil et les diriger vers le flambeau, jusqu'à ce que celui-ci s'enflamme. Fallait être patiente!

TOUJOURS VIVANTE!

De nos jours, avant tous les Jeux olympiques, la flamme est allumée de la même façon devant les ruines d'un temple en Grèce, par une actrice habillée comme dans l'Antiquité et qui perpétue la tradition.

Par la suite, le flambeau est porté à pied, si possible, vers la ville qui organise l'événement cette année-là. Disons que, cette fois-ci, ce serait difficile de le transporter à pied, vu qu'il y a un océan à traverser. Et même si on nageait… la flamme risquerait de s'éteindre rapidement. Ce sera plus simple de la faire voyager jusqu'au Canada en avion.

Une fois rendue dans le pays hôte, la flamme circule de ville en ville, plusieurs semaines avant le début des compétitions. Au cours de la cérémonie d'ouverture, un athlète de ce pays allume, à l'aide de cette flamme, une coupole qui brûlera pendant toute la durée de l'événement. Enfin, lorsque cette grande manifestation sportive se termine, le flambeau est éteint et se repose pour deux ans, soit le temps que d'autres Jeux soient organisés. Une sieste bien méritée !

UN MESSAGE ENFLAMMÉ

Ce flambeau lumineux qui se promène un peu partout au pays annonce aux gens que les Jeux olympiques auront bientôt lieu. La flamme est aussi un message de paix et de fraternité entre les peuples, et elle invite tout le monde à se rassembler pour célébrer le sport. Pendant les 15 jours des Jeux, on oublie nos soucis et on encourage les athlètes de notre pays. *Go* Canada, *go*!

Sur la terre, dans les airs ou sur l'eau !

Que ce soit par voie terrestre, aérienne ou maritime, jusqu'à 100 moyens de transport différents peuvent être utilisés pour faire voyager la flamme olympique. Par exemple, on peut la transporter en utilisant un canoë, un carrosse tiré par des chevaux, des skis de fond, un kayak, une motoneige, un tracteur, un vélo de montagne, un traversier, un avion, ou même en courant, tout simplement! Comme il est très important qu'elle ne s'éteigne pas en chemin, on s'assure de prendre toutes les précautions nécessaires. C'est pourquoi, cette année, elle traversera l'océan Atlantique par avion. Ne vous inquiétez pas, tout est prévu pour éviter qu'elle mette le feu partout. Depuis sa création, le flambeau olympique a fait beaucoup de chemin, et ce, de multiples façons. Certains pays organisateurs, dont le Canada, ont même déjà fait preuve de beaucoup d'imagination pour que la flamme parvienne à destination...

En 1976, lors des Jeux de Montréal, elle a été transformée en signal radio! Ce signal a été transmis depuis Athènes jusqu'au Québec, où il a servi à rallumer une autre flamme à l'aide d'un rayon laser. Un peu compliqué à expliquer, mais plutôt original, non? En 2000, à l'occasion des Jeux olympiques de Sydney, en Australie, la torche a été transportée sous l'eau par des plongeurs et a traversé la Grande Barrière de corail, un des plus beaux récifs sous-marins du monde. Trop cool!

Elle devait évidemment être protégée par quelque chose qui empêchait l'eau de l'éteindre. Tu parles d'une idée! Les responsables des Jeux de Calgary (1988) peuvent, pour leur part, se vanter d'avoir réussi un des plus longs relais de toute l'histoire des Olympiques: de Terre-Neuve à Calgary, en passant par Inuvik, au-delà du cercle arctique, la flamme a traversé les 10 provinces et les 2 territoires canadiens. Un bel exploit! Ça mériterait bien une médaille d'or, non?

OYEZ, OYEZ! ACCUEILLEZ LA FLAMME OLYMPIQUE!

La flamme olympique des Jeux de 2010, à Vancouver, s'est allumée le 22 octobre 2009 à Athènes, avant d'être embarquée (bien protégée, évidemment!) dans un avion à destination de Victoria, la capitale de la Colombie-Britannique. De là, elle a entrepris son long parcours à travers tout le pays. Elle doit visiter pas moins de 1000 communautés, d'est en ouest, ce qui veut dire qu'elle est passée pas très loin de chez vous ou qu'elle y sera bientôt.

Pour connaître son trajet exact, tournez la page ou consultez le site suivant :

www.vancouver2010.com/relaisdelaflamme

TORCH RELAY
RELAIS DE LA FLAMME
vancouver 2010
PRESENTED BY
PRÉSENTÉ PAR
Coca-Cola
RBC
Canada
YUKON
Whitehorse
NORTHWEST TERRITORIES
TERRITOIRES DU NORD-OUEST
NUNAVUT
Yellowknife
BRITISH COLUMBIA
COLOMBIE-BRITANNIQUE
ALBERTA
Edmonton
SASKATCHEWAN
MANITOBA
Vancouver
Victoria
Regina
Winnipeg
Start
Départ
Finish
Arrivée
Land / Au sol
Flight / En vol
Ferry / Par traversier
National capital / Capitale nationale
Provincial and territorial capitals / Capitales provinciales et territoriales

THE VANCOUVER 2010 OLYMPIC TORCH RELAY ROUTE

October 30, 2009–February 12, 2010

PARCOURS DU RELAIS DE LA FLAMME OLYMPIQUE DE VANCOUVER 2010

Du 30 octobre 2009 au 12 février 2010

vancouver 2010

La réflexion de Léon

Quand on fait du ski de fond, est-ce qu'on peut quand même skier en surface ?

Ah non, ça me pique en dessous du bras !

FACILE !

Patiner, y a rien de plus facile !
Le problème, c'est de savoir comment S'-A-R-R-Ê-T-E-R !

Pas besoin de s'entraîner pendant des années pour aller aux Olympiques...
Ah, non ? Et quel est ton supertruc ?
!
Il suffit de s'acheter des billets !

DANS LE VENT

2
1
3
À voir ces athlètes, on peut supposer qu'il ventait très fort sur la montagne...
Je dirais même, pour être plus précis, que le vent soufflait d'est en ouest!
2
1
3

NOUVELLE MODE HIVERNALE

PAS TRÈS SUBTIL...

BEURK...

Ça y est, vous êtes prêts à descendre ?
On se rejoint au pied de la pente !
Au pied de la pente ? Ça risque de puer, non ?

ATTENTION, ÇA GLISSE !

THÉORIE VÉRIFIÉE

PATINE, PATINE !

PAS CHAUD, L'HIVER...

ENCORE UN FLOCON, SVP !

ELLE EST BONNE !

NEIGE FRAÎCHE

Léon, mais que fais-tu couché par terre ?
Je m’entraîne pour la luge !

PAUSE PUB

VOUS VOULEZ BATTRE UN RECORD ?
Rien de plus facile avec le **Mixeur 52KW1030GR205** !
52KW1030GR205
Encore plus performant avec 3 vitesses et 2 batteurs !
Il suffit d'appuyer sur le bouton et le tour est joué !
BONNE CHANCE !
Profitez de notre superpromotion «*Achetez maintenant, payez maintenant !*»

ESPOIRS OLYMPIQUES

Fiche personnelle

Dominique Maltais

Discipline :
épreuve de cross en planche à neige *(snowboard cross)*

Date de naissance :
9 novembre 1980

Lieu de résidence :
Petite-Rivière-Saint-François, Québec

Nombre d'heures d'entraînement par semaine : de 15 à 20

Meilleurs résultats :
médaillée de bronze aux Jeux olympiques de Turin (2006); Globe de cristal (2007)

LA QUESTION DE LÉON :

Penses-tu que tu pourrais compétitionner contre des garçons ?

J'ai déjà fait des courses contre des garçons et j'en ai dépassé quelques-uns durant des entraînements. Mais, en général, ils vont plus vite que nous, les filles, surtout ceux qui sont sur le circuit de la Coupe du monde. Ils sont tous très talentueux !

Pourquoi as-tu commencé à pratiquer ce sport ?

J'ai toujours été un peu casse-cou. Lorsque j'étais jeune, personne ne connaissait la planche à neige, mais moi, je trouvais que ça avait l'air vraiment le fun ! J'ai donc été la première de mon village à me procurer une planche. La première fois que j'ai descendu une pente, j'ai pleuré pendant la moitié du trajet et j'ai passé plus de temps sur les fesses que debout ! Je pensais que je n'y arriverais jamais. Finalement, dès la deuxième fois, ça s'est beaucoup mieux déroulé, et j'ai vraiment aimé ça !

Quel âge avais-tu à l'époque ?

J'avais 11 ans.

Qu'est-ce que tu aimes le plus dans cette discipline?

La diversité des parcours ; il faut aller vite, faire de bons virages et être capable d'effectuer différents sauts. C'est tout un défi sur le plan technique !

Et qu'est-ce que tu aimes le moins?

Parfois, comme nous sommes plusieurs sur les parcours, il arrive que les erreurs des autres participantes nous pénalisent. Par exemple, si quelqu'un fait une chute juste devant moi, j'ai du mal à l'éviter et, souvent, ça me coûte ma course à moi aussi. Nous ne pouvons donc pas tout contrôler.

À quoi penses-tu avant une grosse compétition?

Je fais du renforcement positif. Je me dis que je suis la meilleure et que je vais dépasser tout le monde !

Quelle est ta position favorite après que le départ a été donné? Aimes-tu mieux commencer la course en tête?

Oui, c'est certain que je préfère être en avant durant une course. Comme il y a trois personnes qui effectuent le parcours en même temps que moi, c'est très difficile d'être la quatrième et de tenter de me frayer un chemin derrière les autres filles qui vont à toute vitesse. Et puis, quand je pars la première, il y a moins de facteurs qui me déconcentrent.

Quel est ton but ultime en pratiquant ce sport?

Remporter une médaille d'or aux Olympiques de Vancouver, rien de moins !

Quel est le plus gros sacrifice que tu aies dû faire pour ton sport?

Quitter mon emploi. J'étais pompière pour la Ville de Montréal, et j'ai dû arrêter de travailler pour me consacrer à mon entraînement et aux compétitions.

Que comptes-tu faire après ta carrière sportive?

J'aimerais bien retourner aux études, mais je ne sais pas encore dans quel domaine. Peut-être que je finirai mon baccalauréat en communications. Sinon, j'aimerais devenir médecin ou encore suivre un cours de pilote d'hélicoptère. Je souhaite aussi continuer à travailler comme pompière.

Fiche personnelle

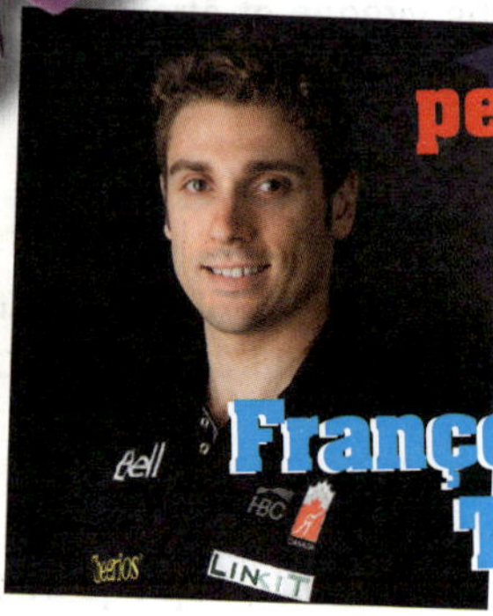

Photographe : Jeff Bough

François-Louis Tremblay

Discipline :
patinage de vitesse sur courte piste

Date de naissance :
13 novembre 1980

Lieu de résidence :
Montréal, Québec

Nombre d'heures d'entraînement par semaine : 30

Meilleurs résultats :
médaillé d'argent au 500 mètres individuel aux Jeux de Turin (2006) ; médaillé d'or au relais 5000 mètres à ceux de Salt Lake City (2002)

LA QUESTION DE LÉON :

Est-ce que tu te tannes de tourner en rond, parfois ?

Non, mais il m'arrive de me demander où je m'en vais comme ça et combien de kilomètres j'ai pu parcourir dans ma vie !

Pourquoi as-tu commencé à pratiquer ce sport ?

Parce que mon frère (de trois ans mon aîné) faisait déjà du patinage de vitesse. Comme je le suivais tout le temps dans les arénas avec mes parents, j'ai essayé un jour d'en faire moi aussi. Je n'ai jamais changé de sport depuis.

Quel âge avais-tu à l'époque ?

J'avais quatre ans.

Qu'est-ce que tu aimes le plus dans cette discipline?

J'aime bien user de stratégie : le patinage de vitesse sur courte piste, ça ne se limite pas à des courses contre la montre, et ce n'est pas nécessairement le plus rapide qui l'emporte. On doit faire de bons dépassements et surtout être capable de déterminer quel est le bon moment pour y aller.

À quoi penses-tu avant une grosse compétition?

Quand je me place sur la ligne de départ, je pense à une seule chose : arriver le premier aux blocs (à l'autre bout de la patinoire, avant le premier virage). Je me concentre sur le premier droit et je patine le plus fort possible pour essayer de prendre la tête de la course.

Pourquoi portez-vous une combinaison aussi serrée?

C'est un peu le même principe qu'un maillot de bain ; d'ailleurs, notre combinaison est faite en Spandex, comme les maillots. Elle épouse les formes de notre corps pour nous donner davantage d'aérodynamisme* ; ça devient une seconde peau et ça nous permet d'atteindre les vitesses les plus hautes.

Qu'est-ce que tu fais pour te récompenser après une bonne performance?

Lorsque je rentre à la maison, je me permets de faire la grasse matinée. Je me couche tard et je me lève tard ; j'appelle ça le « repos du guerrier » !

Quel est ton but ultime en pratiquant ce sport?

Remporter une médaille d'or aux Olympiques au 500 mètres individuel. J'ai obtenu l'argent lors des derniers Jeux. C'est vraiment ma spécialité, et j'ai gagné plusieurs courses dans cette discipline. À Turin, j'ai eu l'impression que la médaille d'or m'avait glissé entre les doigts...

Quel est le plus gros sacrifice que tu aies dû faire pour ta carrière?

Arrêter l'école. J'aurais voulu poursuivre mes études à temps plein, mais j'ai dû choisir de me concentrer à 100 % sur le patin.

As-tu déjà eu envie de tout arrêter? Si oui, qu'est-ce qui t'a fait changer d'idée?

J'y ai pensé une fois, à 13 ans. J'étais un peu à la croisée des chemins ; les choses n'allaient pas très bien pour moi en patin. Mon père a fait des démarches pour voir si je pourrais m'entraîner à Montréal afin de m'améliorer davantage, et c'est ce que j'ai fait. Par la suite, je n'ai plus voulu arrêter.

* Aérodynamisme : qualité de ce qui offre peu de résistance à l'air.

Fiche personnelle

Geneviève Simard

Discipline :
ski alpin (slalom géant)
Date de naissance :
5 novembre 1980
Lieu de résidence :
Val-Morin, Québec
Nombre d'heures d'entraînement par semaine : de 30 à 35 durant l'été et 25 l'hiver
Meilleur résultat :
1re place à la Coupe du monde de Cortina d'Ampezzo, en Italie, en 2004

LA QUESTION DE LÉON :

Quelle est la plus grande vitesse que tu aies atteinte en compétition ?
Aux Jeux olympiques de Salt Lake City, en 2002, j'ai atteint 126 km/h, une vitesse qui n'est même pas permise sur l'autoroute !

Pourquoi as-tu commencé à pratiquer ce sport ?
Mon père nous a fait découvrir le ski alpin, à mon frère jumeau et à moi, lorsque nous avions cinq ans. Dès mon plus jeune âge, j'ai aimé la vitesse et le fait de prendre des risques sur mes skis. J'ai commencé la compétition à neuf ans et j'ai eu la piqûre instantanément !

À quoi penses-tu avant une descente importante?

Avant une compétition, j'ai un plan d'exécution précis en tête. J'écoute de la musique (souvent Jack Johnson) pour garder mes idées à la bonne place et surtout pour rester calme. Je fais beaucoup de visualisation, c'est-à-dire que je m'imagine en train de descendre la piste et de réaliser une performance du tonnerre !

Qu'est-ce que tu manges avant une compétition?

Des céréales avec du yogourt et des fruits. Quand j'ai le temps, j'ajoute à mon déjeuner un œuf avec un morceau de pain et une tasse de café. De plus, j'ai toujours des collations avec moi sur la piste et j'essaie de boire de l'eau le plus souvent possible pour rester bien hydratée.

Quel est ton but ultime en pratiquant ce sport?

Gagner une médaille aux Jeux olympiques de Vancouver. Je voudrais aussi remporter une épreuve de Coupe du monde en slalom géant et être parmi les trois premières du classement général de la discipline après une saison complète.

Quel est le plus gros sacrifice que tu aies dû faire pour ta carrière?

Le plus difficile pour moi, ce sont les blessures que j'ai subies au genou gauche à cause du ski. C'est fou, ce qu'il a enduré au cours de ces années ! Après sept opérations, j'ai encore des problèmes de genou, et j'en aurai aussi après ma carrière : à 28 ans, j'ai déjà une plaque de métal et sept vis insérées dans cette articulation, en plus de faire de l'arthrite ! C'est tout un sacrifice, ça !

As-tu déjà eu envie de tout arrêter? Si oui, qu'est-ce qui t'a fait changer d'idée?

J'ai eu des moments difficiles l'hiver dernier. J'ai eu le goût à quelques reprises de tout laisser tomber. Je pense que c'était dû au fait que je n'avais pas de moyens pour régler mes problèmes. Je me sentais seule et découragée. Mais, après avoir laissé « retomber la poussière », en gardant en tête mes objectifs à long terme, j'ai trouvé des solutions et j'ai terminé la saison en beauté en gagnant les Championnats canadiens au mont Sainte-Anne, à Québec.

Fiche personnelle

Jean-Philippe Le Guellec

Discipline :
biathlon
Date de naissance :
31 juillet 1985
Lieu de résidence :
Kingston, Ontario
Nombre d'heures d'entraînement par semaine : de 15 à 30
Meilleur résultat :
17e en Coupe du monde, en 2009

LA QUESTION DE LÉON :

Qu'est-ce que tu trouves le plus dur, être sur tes skis ou tirer sur une cible ?
Je dirais que le plus difficile, c'est de réussir à bien faire les deux !

Pourquoi as-tu commencé à pratiquer ce sport ?
Je me suis mis à faire du biathlon quand j'étais dans les cadets*. On y apprenait à tirer sur des cibles avec une carabine. Il faut dire aussi que ma mère avait déjà participé aux Jeux du Canada en tir de précision. Au début, je n'aimais pas beaucoup le ski de fond, mais avec les années, ce sport est devenu pour moi une passion. Aujourd'hui, j'ai autant de plaisir à tirer qu'à skier.

Quel âge avais-tu à l'époque ?
J'avais 13 ans.

* Cadets : il s'agit d'une organisation gouvernementale qui offre différents programmes pour initier les jeunes à des activités relatives à l'aviation, à l'armée et à la marine.

En quoi consiste le biathlon exactement ?

C'est un sport qui combine le ski de fond avec le tir à la carabine. On doit skier le plus rapidement possible sur une distance donnée, tout en s'arrêtant à différents endroits pour tirer sur des cibles. L'athlète qui termine la course le plus rapidement après avoir effectué les tirs les plus précis remporte l'épreuve.

Qu'est-ce que tu apprécies le plus dans cette discipline ?

J'aime beaucoup me concentrer sur la technique, celle du ski aussi bien que celle du tir, pour améliorer mon efficacité en tant qu'athlète. J'aime aussi le fait de combiner deux activités qui me permettent de travailler des choses différentes : dans le tir, c'est plutôt la précision que je dois perfectionner, tandis que le ski me pousse à augmenter ma puissance et mon endurance.

As-tu déjà fait des cauchemars la veille d'une compétition importante ?

Ça m'est arrivé, mais seulement une fois. C'était aux Championnats du monde de 2004 (j'y participais dans la catégorie des benjamins) ; il s'agissait de mes deuxièmes Championnats à vie. La nuit précédant la compétition, j'ai rêvé que je me faisais disqualifier durant la course. Un vrai cauchemar ! Finalement, je suis sorti vainqueur de l'événement. J'étais bien content !

Est-ce que tu pratiques d'autres sports pour garder la forme ?

Oui, plusieurs ! Pour m'entraîner, je fais du vélo, du kayak, du patin à roues alignées, du ski à roulettes et de la course à pied.

Que fais-tu pour te récompenser après une bonne performance ?

Habituellement, je célèbre l'événement en m'achetant une paire de souliers. J'aime vraiment beaucoup les chaussures !

Y a-t-il un rituel que tu effectues avant chacune de tes courses ?

Mon père – lorsqu'il est présent – et moi, nous levons chacun notre poing dans les airs et nous répétons les mots suivants, tirés du film *Gladiator (Gladiateur)* : « *Strength and honor* ». Ça veut dire « force et honneur ».

Fiche personnelle

Joannie Rochette

Discipline :
patinage artistique
Date de naissance :
13 janvier 1986
Lieu de résidence :
Montréal, Québec
Nombre d'heures d'entraînement par semaine : 25
Meilleurs résultats :
médaillée d'argent aux Championnats du monde de Los Angeles (2009) ; cinq fois championne canadienne

LA QUESTION DE LÉON :

Est-ce que ça t'arrive d'avoir un trou de mémoire et de ne plus savoir où tu es rendue dans ta chorégraphie ?
Ça m'arrivait quand j'étais plus jeune, parfois à la sortie d'une pirouette, car j'étais étourdie. Mais au niveau où je suis rendue maintenant, je répète tellement souvent mon programme que c'est pratiquement impossible d'oublier !

Pourquoi as-tu commencé à pratiquer ce sport ?
Comme j'étais enfant unique, ma mère a voulu me faire rencontrer des jeunes de mon âge avant que je commence l'école. C'est la raison pour laquelle elle m'a inscrite à des cours de patinage. Puis, lorsque j'ai vu Oksana Baiul remporter l'or aux Jeux olympiques de Lillehammer, en 1994, j'ai voulu devenir comme elle !

Quel âge avais-tu à l'époque ?
J'avais huit ans.

Qu'est-ce que tu aimes le plus dans cette discipline?
Ce que je préfère, c'est le mélange du sport et de l'art : je peux être à la fois une athlète et une artiste, et donc exploiter plusieurs facettes de ma personnalité.

Qu'est-ce qui te passe par la tête lorsque tu fais une chute?
C'est sûr que ça me fâche à tous les coups, mais on ne doit pas s'y attarder, surtout lorsqu'on est en pleine compétition ! Il faut se relever comme si de rien n'était et garder le sourire.

Est-ce que c'est toi qui choisis la musique de tes programmes?
Je participe au choix avec mon entraîneur, mais c'est surtout ma chorégraphe qui décide puisque c'est elle qui détermine mes mouvements et mes enchaînements. La musique doit donc l'inspirer. Comme elle me connaît bien, elle sait aussi choisir des pièces qui correspondent à ma personnalité et à mon côté artistique.

Quel est ton but ultime en pratiquant ce sport?
Monter sur le podium aux Mondiaux ou aux Olympiques. J'y suis parvenue cette année ; c'était la première fois en 21 ans qu'une Canadienne gagnait une médaille aux Championnats mondiaux ! En même temps, le plus important, c'est d'être fière de moi. Si je suis satisfaite de mes performances aux Jeux et si j'ai fait tout ce qui était en mon pouvoir, je ne pourrai pas m'en vouloir !

Quel est le plus gros sacrifice que tu aies dû faire pour ta carrière?
Laisser mes amis de côté pour me concentrer sur l'entraînement. J'ai dû changer d'école lorsque j'étais au secondaire et j'ai un peu perdu ma gang. Je pense que ce que j'ai trouvé le plus difficile pendant toutes ces années, c'est de manquer mon bal de finissants.

As-tu déjà eu envie de tout abandonner? Si oui, qu'est-ce qui t'a fait changer d'idée?
J'ai pensé arrêter une seule fois, quand j'étais en première secondaire. J'étais bloquée par un saut. Dans ma tête, je voulais me rendre jusqu'aux Jeux olympiques, mais je n'étais pas certaine d'être capable de maîtriser tous les éléments techniques nécessaires pour y arriver. Finalement, j'ai commencé le programme sport-études, et ça a débloqué !

Fiche personnelle

Alexandre Bilodeau

Discipline :
ski acrobatique (bosses)
Date de naissance :
2 septembre 1987
Lieu de résidence :
Montréal, Québec
Nombre d'heures d'entraînement par semaine : 30 et plus
Meilleur résultat :
champion du monde 2009, bosses en parallèle

LA QUESTION DE LÉON :

Est-ce que, durant les compétitions, tu regardes tes adversaires descendre ?

Depuis un an, oui. Avant, j'étais dans ma bulle et j'écoutais de la musique jusqu'à la toute dernière seconde, sans regarder personne. Puis, je me suis rendu compte que si je faisais comme à l'entraînement, c'est-à-dire si je regardais les autres descendre, j'étais beaucoup plus détendu.

Pourquoi as-tu commencé à pratiquer ce sport ?

En fait, c'est la performance de Jean-Luc Brassard aux Olympiques de Lillehammer, en 1994, qui m'a donné le goût de me lancer dans le ski acrobatique. Je skiais déjà depuis l'âge de trois ans, mais à partir de ce moment-là, je me suis mis à m'entraîner plus sérieusement.

Quel âge avais-tu à l'époque ?

J'avais sept ans.

Comment commence-t-on à faire des sauts aussi dangereux?

Au début, on saute sur des trampolines pour s'exercer à faire les mouvements qu'on voudra répéter plus tard sur la neige. Ensuite, on essaie les mêmes manœuvres dans des bassins d'eau à partir de tremplins. Lorsqu'on a acquis une certaine assurance et qu'on réussit bien les sauts sur le trampoline et le tremplin, on tente le coup sur la pente de ski. C'est beaucoup moins dangereux que ça peut le paraître à la télévision, car on est très bien préparé.

Qu'est-ce que tu aimes le plus dans cette discipline?

L'adrénaline* : j'ai toujours envie d'aller encore plus haut et encore plus vite. J'adore la vitesse et les acrobaties.

Et qu'est-ce que tu aimes le moins?

C'est très cruel comme discipline : tu as moins de 30 secondes pour tout donner, et après, c'est terminé. Il n'y a pas beaucoup de place pour l'erreur !

Quel est ton but ultime en pratiquant ce sport?

Continuer à m'améliorer. Devenir le meilleur skieur possible. Même si je suis premier au monde en ce moment, il y a toujours place à l'amélioration.

Quel est le plus gros sacrifice que tu aies dû faire pour ta carrière?

Mettre mes amis de côté, mais sans les oublier. Je ne me rappelle plus combien de fois on m'a dit : « Alex, t'as vraiment manqué toute une soirée hier ! »

As-tu déjà eu envie de tout arrêter? Si oui, qu'est-ce qui t'a fait changer d'idée?

J'y ai songé, mais jamais de façon sérieuse. Parfois, durant les entraînements, lorsque je suis fatigué ou déçu de moi, ça m'arrive d'y penser, mais rapidement, je me trouve nono et je chasse ces idées de ma tête. Ça finit toujours par passer très vite !

* Adrénaline : c'est une hormone produite par notre corps qui accélère le rythme cardiaque et augmente la pression sanguine. En fait, ce qu'Alexandre aime bien dans ce sport, c'est que c'est vraiment très excitant !

Fiche personnelle

Kim St-Pierre

Discipline :
hockey sur glace
Date de naissance :
14 décembre 1978
Lieu de résidence :
Montréal, Québec
Nombre d'heures d'entraînement par semaine : 30
Meilleurs résultats :
double médaillée d'or olympique (2002 et 2006)

LA QUESTION DE LÉON :

Qui est ton joueur de hockey préféré de tous les temps ?

Patrick Roy.

Pourquoi as-tu commencé à pratiquer ce sport ?

Enfant, quand j'avais de cinq à huit ans, je faisais du patinage artistique. Comme j'avais deux frères qui adoraient le hockey et que j'étais à l'aise sur la glace, je jouais souvent avec eux. De plus, l'hiver, nous avions une patinoire dans la cour arrière de mes parents. C'était le point de rencontre de tout le voisinage ! C'est là que j'ai commencé à vraiment prendre goût au hockey. J'ai délaissé le patinage et je me suis mise à jouer dans une équipe. Et je n'ai encore jamais arrêté !

Quel âge avais-tu quand tu es passée du patinage artistique au hockey ?

J'avais huit ans.

Qu'est-ce que tu aimes le plus dans ta discipline ?

Comme nous voyageons beaucoup pour prendre part à tous les tournois, nous visitons différents pays, et ça nous permet de rencontrer des gens de partout à travers le monde. Mais, pour tout dire, ce que je préfère, c'est participer aux Jeux olympiques. C'est l'expérience la plus incroyable qu'on puisse imaginer !

Avant un match important, à quoi penses-tu ?

Je fais beaucoup de préparation mentale, c'est-à-dire que je visualise la partie et les arrêts que j'aurai à effectuer avant même d'être sur la glace. C'est vraiment important d'être bien préparé pour jouer un bon match de hockey. Il faut aussi maîtriser son stress du mieux qu'on peut. Ce n'est pas toujours facile, mais ce qui compte, c'est de s'amuser. Après tout, le hockey est un jeu, il ne faut pas l'oublier !

Quel est ton but ultime en allant à Vancouver ?

Je voudrais rapporter une troisième médaille d'or à la maison. Ce serait tout un exploit !

Préfères-tu voir arriver la rondelle dans ta zone ou la voir partir dans celle des adversaires ?

J'aime mieux la voir arriver dans ma zone ! C'est beaucoup plus stimulant. Par contre, lorsque nous tirons de l'arrière, je souhaite que la rondelle se rapproche le plus possible du but adverse...

Que comptes-tu faire après ta carrière sportive ?

J'aimerais bien entraîner d'autres gardiens de but. Je crois que je serais bonne là-dedans ! Je pense aussi travailler dans le domaine de l'immobilier.

Fiche personnelle

Alex Harvey

Discipline :
ski de fond
Date de naissance :
7 septembre 1988
Lieu de résidence :
Saint-Ferréol-les-Neiges, Québec
Nombre d'heures d'entraînement par semaine : 30
Meilleur résultat :
3e place en Coupe du monde, en 2009

LA QUESTION DE LÉON :

Combien de kilomètres penses-tu avoir parcourus jusqu'à présent dans ta carrière ?
Hum... Bonne question ! Je dirais que je fais au moins 1000 km chaque année, peut-être même plus ! En fait, je n'ose pas compter...

Pourquoi as-tu commencé à faire du ski de fond ?
J'ai toujours été sportif. Dès mon plus jeune âge, mes parents m'ont fait essayer différentes disciplines. Je me rappelle que, lorsque j'avais à peine trois ans, mon père* m'emmenait à l'entraînement avec lui, sur ce qu'on appelle un *baby glider*, un genre de traîneau avec deux skis. Il faut croire que j'ai aimé ça, puisque le ski de fond est resté mon sport préféré. J'ai été accepté dans l'équipe nationale junior à 15 ans et, depuis, je consacre tous mes efforts à cette discipline.

* Le père d'Alex est Pierre Harvey, un des plus grands fondeurs que le Canada ait connu.

Qu'est-ce que tu aimes le plus dans ton sport?

Ce que je préfère, c'est le style d'entraînement. Comme le ski de fond est une discipline d'endurance, on a la possibilité de pratiquer plein d'autres sports pour s'entraîner : je peux aller courir, faire du vélo sur la route ou en montagne, aller au gym pour travailler ma musculature, etc. J'ai plusieurs options ! De plus, j'adore être à l'extérieur, dans la nature. Faire du sport est la meilleure façon que j'ai trouvée pour ne pas rester enfermé dans la maison.

À quoi penses-tu avant une épreuve importante?

En ski de fond, nos objectifs sont fixés longtemps d'avance, et nous avons toute l'année de Coupe du monde pour les atteindre. Chaque course me permet de me rapprocher de mon objectif de saison. Quand j'arrive sur le site d'une compétition précise, je sais que je suis prêt et que je ne peux rien faire de plus pour bien performer. Je dois rester relax et me faire confiance.

Que portes-tu comme vêtements durant une compétition?

Comme nous effectuons un effort physique pendant une longue période (parfois jusqu'à deux heures), nous transpirons beaucoup. Il ne faut donc pas nous vêtir trop chaudement. Je porte une première couche qui est composée d'un survêtement fait d'une fibre qui laisse bien passer la sueur. Par-dessus, j'enfile mon habit de compétition, un vêtement en lycra conçu sur mesure pour moi. J'ajoute à ça une tuque (ou un bandeau s'il fait plus chaud) et une paire de gants, et je suis prêt !

Quel est ton but ultime en pratiquant ce sport?

J'aimerais vraiment gagner une médaille aux Jeux olympiques. Peut-être pas à Vancouver, car je suis encore considéré comme un très jeune fondeur. En ski de fond, on atteint généralement son plein potentiel vers l'âge de 27 ans (je n'en aurai que 21 à Vancouver), ce qui me donne amplement le temps d'atteindre mon objectif.

Que fais-tu pour te gâter après une bonne performance?

En 2009, comme je suis monté sur le podium pour la première fois en Coupe du monde, je me suis fait un cadeau : je me suis acheté une belle montre en Italie !

Quel est le plus gros sacrifice que tu aies dû faire pour ta carrière?

Je dirais que c'est de ne pas pouvoir finir mes études dans le même temps que les autres. Si ça continue comme ça, je ne terminerai pas l'université avant 10 ans !

Qu'est-ce que tu comptes faire après ta carrière d'athlète?

J'étudie présentement en droit ; j'aimerais devenir avocat.

Fiche personnelle

Kalyna Roberge

Photographe : Jeff Bough

Discipline :
patinage de vitesse courte piste

Date de naissance :
10 janvier 1986

Lieu de résidence :
Saint-Étienne-de-Lauzon, Québec

Nombre d'heures d'entraînement par semaine : 40

Meilleurs résultats :
championne du monde au 500 mètres en 2007 ; médaillée d'argent au relais aux Jeux olympiques de Turin, en 2006

LA QUESTION DE LÉON :

Combien de temps par semaine passes-tu à attacher et à détacher tes patins ?

Hum... C'est une bonne question ! Disons que je passe au moins 15 minutes par jour à les attacher et à les détacher, et je m'entraîne 6 jours par semaine. Faisons le calcul : 15 x 6 = 90 minutes. Donc, je passe au moins une heure et demie par semaine à attacher et à détacher mes patins !

Pourquoi as-tu commencé à pratiquer ce sport ?

Plus jeunes, mes frères aînés et moi faisions du patinage artistique. Mes frères ont par la suite choisi le patinage de vitesse. Comme ça devenait compliqué pour mes parents de nous amener à des arénas différents, ils ont décidé de m'inscrire moi aussi en patinage de vitesse. C'est bien tombé, car j'étais un peu garçon manqué et je n'étais pas très douée pour le patinage artistique. Dès que j'ai commencé cette nouvelle activité, je n'ai plus voulu arrêter !

Quel âge avais-tu à l'époque ?

J'avais sept ans.

Qu'est-ce que tu aimes le plus dans cette discipline ?

La combinaison de stratégie, de technique et de force dont il faut faire preuve pour aller loin dans ce sport. Souvent, les gens pensent que les patineurs de vitesse font seulement patiner en rond. Ce qu'ils ne savent pas, c'est qu'il y a beaucoup de stratégie dans les courses et qu'on doit vraiment réfléchir lorsqu'on est sur la glace.

À quoi penses-tu avant une grosse compétition ?

La plupart du temps, je me répète des affirmations positives dans ma tête, du genre : « Je vais être bonne, je suis capable de le faire, je suis forte. »

Quel est ton plus grand rêve ?

C'est certain que j'aimerais beaucoup rapporter une médaille olympique de Vancouver. Mais, pour moi, c'est encore plus important de fonder une famille avec mon amoureux. Je souhaite être entourée de mes enfants et de mes chevaux, et habiter sur la terre que j'ai achetée à Lotbinière, dans la région de Québec.

As-tu déjà eu envie de tout arrêter ?

Oui, après les Jeux de Turin. Je suis entrée dans une phase « post-Olympiques » ; j'étais déprimée. Je n'avais plus le goût de me lever le matin pour aller à l'entraînement ou aux compétitions. J'ai dû passer quelques tests, et on a découvert que je faisais de l'anémie, c'est-à-dire que je n'avais pas assez de fer dans mon organisme. Une fois que je l'ai su, j'ai pu changer des choses dans mon alimentation et j'ai retrouvé le moral. J'ai réalisé que j'aimais vraiment patiner et que je n'avais pas le goût d'arrêter.

Quel est le plus gros sacrifice que tu aies dû faire pour ta carrière ?

Déménager à Montréal, car ça m'a éloignée de mon fiancé. Je suis une fille qui aime la campagne, et ç'a été difficile pour moi de m'adapter à la ville et surtout d'être loin de ma famille.

Qu'est-ce que tu comptes faire après ta carrière d'athlète ?

Première des choses, retourner à Québec ! Ensuite, me marier et avoir plein de bébés ! Et peut-être que j'étudierai s'il me reste du temps... Tout ce qui touche l'environnement m'intéresse beaucoup.

Fiche personnelle

Jasey-Jay Anderson

Discipline :
planche à neige (slalom géant)
Date de naissance :
13 avril 1975
Lieu de résidence :
Tremblant, Québec
Nombre d'heures d'entraînement par semaine : 25
Meilleurs résultats :
double champion du monde en slalom géant

LA QUESTION DE LÉON :

Est-ce que tu as parfois le vertige en haut d'une pente ?
Ça m'arrive d'avoir le vertige, mais plutôt dans les remonte-pentes : il y a des paysages qui donnent la frousse tellement c'est haut ! Par contre, lorsque je suis sur ma planche, prêt à dévaler une pente, ça n'arrive jamais. Je n'ai peur de rien !

Pourquoi as-tu commencé à pratiquer ce sport ?
J'ai tout d'abord fait du ski pendant sept ans, mais je me suis tanné de ce sport. Je me sentais limité. C'est pour cette raison qu'un jour j'ai essayé la planche à neige. Dès la première fois où j'ai mis les pieds là-dessus, j'ai oublié le ski !

Quel âge avais-tu à l'époque ?
J'avais 13 ans.

Qu'est-ce que tu aimes le plus dans cette discipline ?
Je dirais le côté familial : tous les athlètes, peu importe leur pays d'origine, forment une grosse famille. Nous nous entendons vraiment bien. Nous sommes là parce que nous aimons notre sport, et c'est tout ! Ce n'est pas la gloire ou la richesse qui nous intéresse ; nous faisons de la planche à neige par passion, parce que ça nous plaît vraiment.

Est-ce que ça t'arrive de faire des cauchemars avant une compétition importante?

Non, c'est très rare. Je trouve même ça rassurant d'avoir une compétition en tête quand je m'endors. Quand c'est l'été et qu'il n'y a pas d'épreuves qui s'en viennent, parfois, ça me fait paniquer, et c'est là que je fais des cauchemars ! Je rêve que je suis en retard pour une course ou qu'il manque quelque chose à mon équipement.

Qu'est-ce que tu fais pour te récompenser après une bonne performance?

Je mange de la crème glacée. J'aime celles à la vanille et au chocolat, les classiques ! J'ai également découvert en Asie la crème glacée au thé vert. Il faut s'y habituer, car le goût est très spécial, mais maintenant j'adore ça.

Jusqu'à quelle vitesse peux-tu aller en compétition?

Pas très vite : environ 60 km/h. Il faut garder une bonne maîtrise pour ne pas manquer les virages. Lorsque je descends pour m'amuser, je peux aller très vite, jusqu'à 120 km/h !

Quel est ton but ultime en pratiquant ce sport?

Aujourd'hui, mon objectif, c'est de faire du mieux que je peux aux Jeux de Vancouver. Je mentirais si je disais que je ne vise pas une médaille... Je sais que je peux gagner l'or si tout va bien, donc c'est un peu ça aussi, mon but.

As-tu déjà eu envie de tout arrêter? Si oui, qu'est-ce qui t'a fait changer d'idée?

J'y ai pensé souvent. Je me rappelle qu'au début de la vingtaine j'ai failli abandonner parce que je me suis séparé de mon entraîneur, celui avec qui j'étais depuis le début de ma carrière. Après avoir réfléchi et trouvé un nouvel entraîneur, j'ai décidé de poursuivre la compétition.

Qu'est-ce que tu comptes faire après ta carrière d'athlète?

Je songe à devenir entraîneur et à faire du développement d'équipement. L'été, je vais m'occuper de ma bleuetière à Tremblant. Nous avons une petite ferme bio où nous cultivons les bleuets.

QUESTIONS À NOS ATHLÈTES

	Joannie Rochette patinage artistique	François-Louis Tremblay patinage de vitesse	Geneviève Simard ski alpin	Alexandre Bilodeau ski acrobatique
Aimes-tu la poutine ?	Non	Oui	Oui !	Oui
As-tu le droit d'en manger ?	Oui	Non… mais j'en mange quand même !	Oui	Oui, de temps en temps
Où as-tu le plus mal après une compétition ?	À mon cardio-vasculaire : je n'ai plus de souffle	Aux jambes	Aux jambes et au cœur (si ça a mal été!)	Aux genoux
De quoi t'ennuies-tu le plus lorsque tu es au loin ?	De ma famille	De mon lit	De ma maison	De mon lit
Qu'aimes-tu lire ?	Des romans philosophiques	Les journaux	Des biographies	Les journaux
Qui est ton idole ?	La patineuse Michelle Kwan	Paul McCartney	Lance Armstrong et ma mère !	Mon frère
As-tu une phobie ?	Les araignées !	La statique dans les vêtements	Non	Le bruit des ongles qui grincent sur un tableau
Ton plus grAND DÉFaut ?	Mon caractère bouillant	Je ne réponds pas toujours à mes courriels	Impatiente	Impatient
Ta plus belle qualité ?	J'ai une belle éthique de travail	La patience	La détermination	Je suis travaillant
Si tu avais pu pratiquer un autre sport, lequel aurais-tu choisi ?	La gymnastique	Le hockey	Le golf	La course automobile ou le hockey

Kim St-Pierre hockey	Alex Harvey ski de fond	Kalyna Roberge Patinage de vitesse	Jasey-Jay Anderson Planche à neige	Jean-Philippe Le Guellec Biathlon	Dominique Maltais Planche à neige
Oui	Oui	Oui	Oui	Non	Oui
Oui, mais pas trop...	Oui, mais pas trop !	Pas trop souvent	Non	Oui	Une fois de temps en temps
Aux jambes	Partout !	Aux jambes et aux fesses !	Aux hanches	Aux triceps et dans les jambes	Aux genoux
De ma famille et mon amoureux	De mes amis	De chez moi	De mes bleuets !	De ma femme et ma maison	De ma famille et mon copain
Un peu de tout	Mes livres d'école	Des livres de littérature fantastique	Le Canadian Geographic	Des livres sur la psychologie	Des revues de mode
Patrick Roy	Je n'en ai pas vraiment...	Terry Fox	Les gens que j'aime	Bonne question !	Alex Kovalev
Les araignées !	Non	Je n'aime pas les perce-oreilles !	Les serpents	Non	Que ma maison ou celle de mes parents passe au feu !
Paresseuse (un peu !)	J'ai tendance à remettre les choses au lendemain	Têtue	Pas très attentif	Lunatique	Orgueilleuse
La patience	Perfectionniste	Persévérante	Je prends toujours mon temps	Déterminé	Généreuse
Le soccer	Le vélo de montagne	L'équitation	Le surf	Le surf des neiges (demi-lune)	Le vélo de montagne

Voici les
lunettes officielles des
Jeux olympiques !
Pas mal, n'est-ce pas ?

QUE METTENT LES ATHLÈTES DANS LEURS VALISES?

Découvrez les différents objets
que nos athlètes jugent indispensables
à leurs nombreux voyages...

VALISE des filles

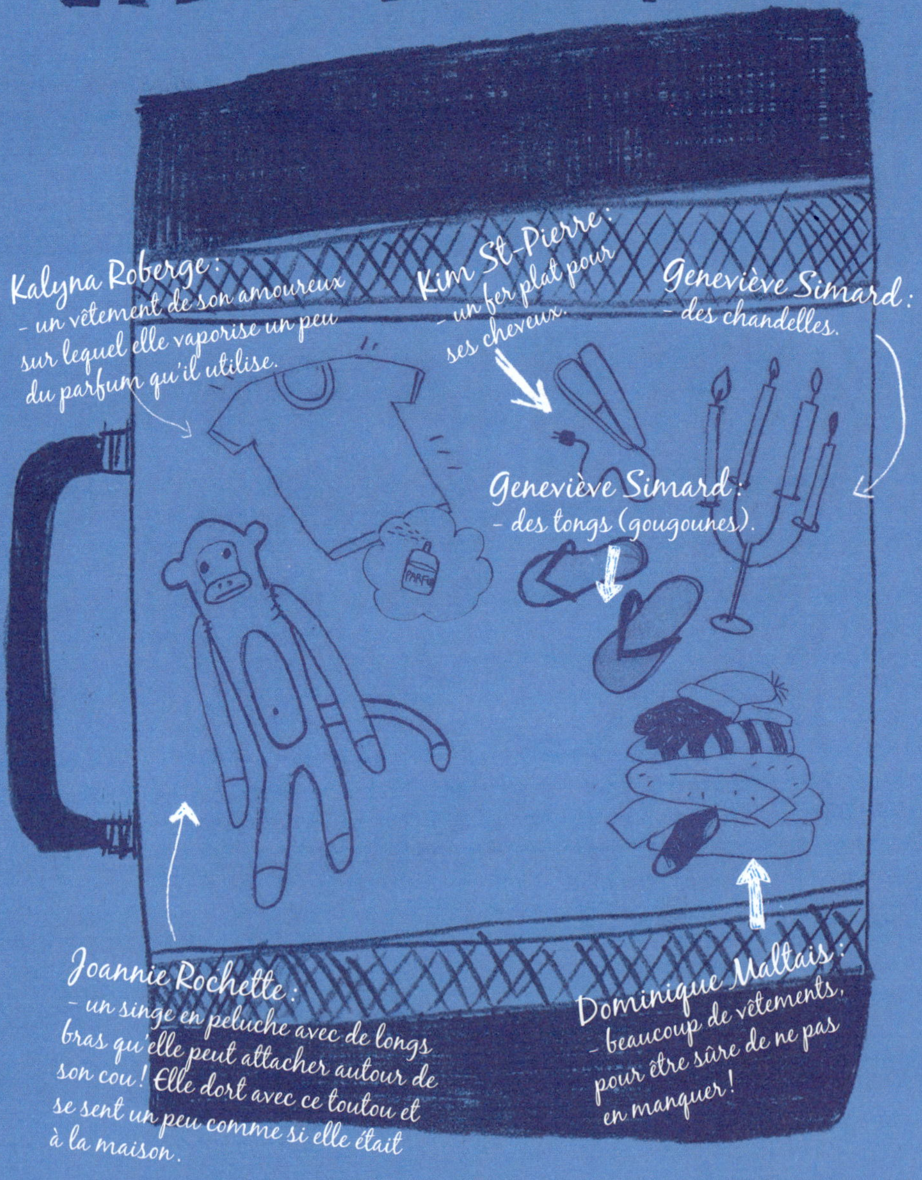

VALISE DES GARS

Alexandre Bilodeau :
- son chandail d'entraînement préféré, qui est en train de tomber en lambeaux tellement il est vieux !

Jean Labonté :
- sa PlayStation portable.

Alex Harvey :
- son ordinateur portable.

Jasey-Jay Anderson :
- ses million dollar socks. Depuis le début de sa carrière, à 15 ans, il utilise les mêmes chaussettes faites spécialement pour la planche. Il en avait 20 paires au début, et il ne lui en reste que 10 aujourd'hui !

Jean-Philippe Le Guellec :
- une guitare.

François-Louis Tremblay :
- des suppléments de protéines.

François-Louis Tremblay :
- une casquette. Il est incapable de partir pour une compétition sans chapeau.

SECRETS ET ANECDOTES DE NOS ATHLÈTES

« Une fois, la veille de mon départ pour les Championnats mondiaux, ma mère a lavé ma robe de compétition dans l'eau, et je me suis rendu compte que la jupe avait raccourci. En fait, elle avait tellement rapetissé qu'elle ne couvrait plus du tout mes fesses ! En catastrophe, ma mère et moi sommes allées voir (à 11 h du soir !) la couturière qui l'avait faite. Elle a dû m'en confectionner une nouvelle pendant la nuit. J'ai finalement pu partir le lendemain avec une robe dont la jupe était d'une longueur décente ! »

Joannie Rochette
(patinage artistique)

« La première fois que la psychologue sportive nous a accompagnés pendant un tournoi, un de mes coéquipiers, qui n'a pas de jambes, lui a demandé si elle pouvait aller chercher ses souliers dans le coffre de la voiture. La psychologue, serviable, lui a tout de suite dit oui, sans penser qu'il ne pouvait pas avoir de souliers puisqu'il n'avait pas de jambes ! Après avoir fouillé pendant plusieurs minutes, elle s'est rendu compte qu'il la faisait marcher. On fait souvent des gags sur nos handicaps : mieux vaut en rire qu'en pleurer ! »

Jean Labonté*
(athlète paralympique en hockey sur luge)

* Voir son portrait aux pages 158 à 163

« Juste avant le départ d'une de mes premières courses, j'étais tellement nerveuse que j'ai oublié d'attacher mes bottes, si bien que je suis tombée à la troisième porte ! Depuis ce jour, je prends toujours le temps, en me préparant pour le départ, de vérifier si tout mon équipement est en place et prêt pour la descente... »

Geneviève Simard
(ski alpin)

« J'ai déjà oublié mes patins alors que je m'en allais à une compétition. Pas fort, pour un patineur ! J'avais déjà la réputation d'être dans la lune à cet âge-là, et cet oubli n'a vraiment pas aidé ! Mes amis ont encore plus ri de moi. C'est seulement en arrivant à Québec, la ville où avait lieu la course, que j'ai constaté que j'avais apporté tout mon équipement... sauf mes patins ! »

François-Louis Tremblay
(patinage de vitesse)

« Aux Olympiques de Turin, un de mes collègues de l'équipe de cross en planche à neige avait écrit sur un drapeau, à l'intention de sa copine : "Marie-moi, Maëlle ! " Après la course où j'avais gagné le bronze, alors que je me trouvais dans la zone médias pour accorder une entrevue, on m'a remis ce drapeau. Avant que j'aie le temps de faire quoi que ce soit, des photographes se sont mis à me prendre en photo, en pensant que je faisais une demande en mariage à Maëlle ! Mais moi, j'avais un copain et je n'étais pas du tout amoureuse de Maëlle ! Ce n'était qu'une amie... Ces photos ont fait la une d'un journal de Vancouver. Nous avons bien ri ! »

Dominique Maltais
(planche à neige)

« Lors des essais juniors, juste comme je m'apprêtais à sauter sur la glace, la fermeture éclair de ma combinaison s'est cassée quand j'ai voulu la remonter. J'ai essayé de l'attacher avec du ruban adhésif et des lacets, mais ça ne fonctionnait pas du tout ! Or, en compétition, le règlement interdit que notre peau soit visible. Je ne savais plus quoi faire ! Heureusement, une de mes compatriotes m'a prêté une petite veste d'entraînement que j'ai pu porter pour la compétition. C'était pas mal stressant, juste avant la course ! »

Kalyna Roberge
(patinage de vitesse)

Eh bien ! Il y a vraiment des journalistes qui se spécialisent dans le potinage artistique !
STAR Mag

Chat-rades

SPÉCIAL OLYMPIQUES 2010 !

1.

Mon premier est une ressource naturelle dont on a besoin pour rester en vie.

Mon deuxième est une plante dont les graines sont très riches en oméga 3.

Mon dernier est une des quatre couleurs d'un jeu de cartes.

R : ______________________________

2.

Mon premier fait tourner les éoliennes.

Mon deuxième est la partie la plus longue du corps d'une girafe.

Mon dernier est très utile pour boire.

R: ______________________________

3.

Mon premier est une voyelle.

Mon deuxième est une longue plateforme sur laquelle peuvent accoster les bateaux.

Mon troisième est un synonyme de l'adjectif « certain ».

Mon quatrième est le verbe « lire » au passé composé.

Mon dernier est un pronom personnel.

R: ______________________________

4

Mon premier est une consonne (Bonne chance !).

Mon deuxième est une partie du visage.

Mon dernier est un synonyme du mot « larcin ».

R : ______________________________

5

Mon premier est un synonyme du mot « épiderme ».

Mon deuxième est le verbe « dire » à la deuxième personne de l'impératif présent.

Mon dernier est le terme utilisé pour désigner un être humain mâle.

R : ______________________________

Réponses à la page 194

QUE SE DISENT LOLA ET LÉON ?

Pour le savoir, vous devez résoudre les deux rébus suivants...

Solutions à la page 194

J'
du
Q
!

Bottin cabotin

Jean COURAGE .... Partisan

Ivan DESBILLAIS .... Préposé

L.-A. DUVISOU .... Biathlète

Miss HILL .... Skieuse de descente

Pat INNSULÄ-BOTTINN .... Patineur finlandais

Axel LAVRILLE .... Patineuse artistique

Ella LETOURNI .... Patineuse de vitesse
courte piste

G. MALOGENOU .... Skieur de bosses turc

Ian A. MASSÉ .... Massothérapeute d'expérience

C. PAMALTOV .... Hockeyeur russe
souvent blessé

D. SANDRE .... Athlète de luge

A. YOYE .... Skieur acrobatique

LA VILLE DE VANCOUVER

LA VILLE DE VANCOUVER

Population : un peu plus de 600 000 habitants
Province : Colombie-Britannique
Langue officielle : anglais

Saviez-vous que Vancouver est la plus grande ville de l'Ouest canadien ? C'est la troisième en importance de tout le pays et c'est là qu'auront lieu les 10es Jeux olympiques d'hiver. Cool ! Qu'y a-t-il d'autre à savoir sur la métropole de la Colombie-Britannique, sinon qu'il y fait bon vivre ? Des tas de choses ! Vous n'avez qu'à lire les pages suivantes pour découvrir cette ville en pleine nature, entourée de montagnes et construite au bord de l'océan Pacifique.

L'île ou la ville ?

Le capitaine George Vancouver, un navigateur britannique, fut un des premiers explorateurs à parcourir cette région du globe. Au début, il a débarqué sur une île et il a cru qu'elle était rattachée au continent. Et puis, il est encore arrivé au bord de l'eau ! Il a donc dû traverser en bateau un plan d'eau (qui a plus tard reçu le nom de détroit de Géorgie) pour atteindre enfin le continent, soit l'Amérique du Nord. Il y a donc une différence entre la ville et l'île : c'est sur l'île de Vancouver que se trouve Victoria, la capitale de la Colombie-Britannique. La ville de Vancouver, elle, est située sur la terre ferme, à l'extrême ouest du Canada, au bord de l'océan. M. Vancouver fait partie des gens qui ont le plus exploré la côte ouest. Il a aussi, par la suite, cartographié cette partie du monde, si bien que, lorsque est venu le temps de trouver un nom à la nouvelle ville, vers la fin des années 1800, on a choisi celui de Vancouver. Comme on dit, c'est lui qui l'avait mise sur la carte !

N'oubliez pas votre parapluie !

Même si Vancouver est au Canada, son climat est très différent de celui de la plupart des autres provinces. En fait, il s'agit de l'endroit au pays où il fait le plus doux, même en hiver. Pourquoi ? À cause de la proximité de l'océan Pacifique et des grosses montagnes qui entourent la ville et la protègent des grands froids. L'hiver, il neige très rarement sur la grande région de Vancouver, mais attendez-vous à y recevoir de nombreuses gouttes de pluie ! Et, quand il pleut, impossible de voir les magnifiques montagnes tout autour : elles sont perdues dans le brouillard. Dommage... Les mois où le ciel déverse le plus d'eau sont novembre, décembre, janvier et février. La plus longue période de pluie enregistrée là-bas a duré 29 jours consécutifs ! Les ventes de parapluies ont dû monter en flèche ! Cependant, rassurez-vous : l'été, dans cette région, est très agréable !

Mais, s'il pleut souvent à Vancouver, il y a quand même beaucoup de neige en Colombie-Britannique. D'ailleurs, on y trouve plein de grosses montagnes. La plus connue est Whistler, très populaire pour ses hauts sommets et ses nombreuses pentes prêtes à être dévalées. Son plus haut sommet (Blackcomb) fait 2440 mètres. Avis à tous les skieurs et planchistes : on en parle comme d'un paradis de la glisse, rien de moins ! C'est pour cette raison que les compétitions de ski alpin et de planche à neige auront lieu là-bas. Wow, toute une expérience !

Des arbres géants !

Avec son climat tempéré et la quantité phénoménale d'eau qui y tombe chaque année, Vancouver offre un environnement idéal pour plusieurs variétés d'arbres : des cerisiers, des pruniers, des ormes, des marronniers, des cèdres rouges et des sapins de Douglas y croissent à merveille. Dans Stanley Park, un parc gigantesque situé en plein milieu de la ville, il est possible de voir l'Arbre creux (Hollow Tree), qui a un tronc large de plus de 18 mètres, soit l'équivalent de quatre petites voitures mises bout à bout. Les troncs sont si imposants que, parfois, on y perce un trou où peuvent circuler les voitures, comme dans un tunnel. Plutôt impressionnant !

Où est le pâté chinois?

À Vancouver, on peut manger pas mal de tout, comme dans le reste du Canada. Une des particularités de la ville est l'immensité de son quartier chinois. Environ 35 000 personnes d'origine chinoise habitent dans ce qu'on considère comme un des plus gros Chinatown en Amérique du Nord. Seul l'océan Pacifique sépare le continent asiatique de la Colombie-Britannique: c'est en partie pour cela que la province a connu une si forte immigration chinoise vers les années 1880. Est-ce qu'on y trouve du pâté chinois pour autant? Eh bien, non! Ce mets est une invention typiquement québécoise qui n'a rien à voir avec la Chine et ses habitants.

Je parle *English* !

Évidemment, vous vous en doutez... À Vancouver, la plupart des gens parlent la langue de Shakespeare. La langue de qui ? L'anglais, si vous préférez ! En fait, le Canada a deux langues officielles : le français et l'anglais. Le français est toutefois parlé principalement dans la province de Québec, ainsi que dans quelques communautés francophones à travers le reste du pays. Il existe, en banlieue de la ville hôtesse des Jeux, un quartier nommé Maillardville, où habitent des personnes d'origine canadienne-française qui sont très fières de leurs racines. À Vancouver et dans le reste de la Colombie-Britannique, de plus en plus de parents souhaitent que leurs enfants deviennent bilingues : les inscriptions dans les programmes d'immersion en français ont donc beaucoup augmenté ces dernières années. On compte aujourd'hui 38 écoles francophones dans la province. C'est une bonne nouvelle !

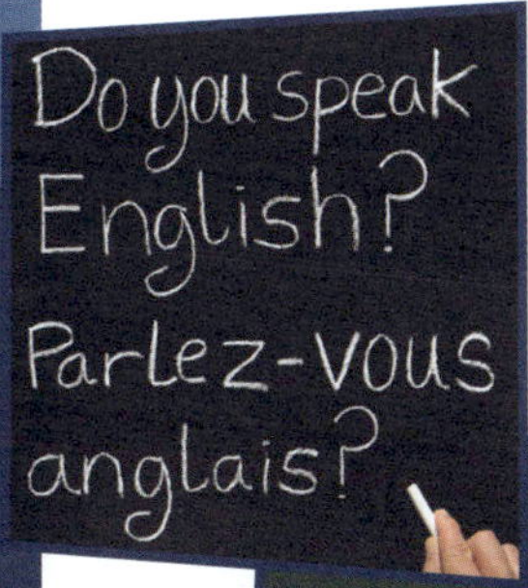

Et c'est le buuuut !

La Colombie-Britannique est une province canadienne. Et quel est le sport national du Canada ? Eh oui, le hockey sur glace ! Vous connaissez ? Vancouver a sa propre équipe, les Canucks, qui fait partie de la Ligue nationale depuis 40 ans. Malheureusement, ils n'ont encore jamais remporté la Coupe Stanley. Dommage ! Ils étaient pourtant bien partis la saison dernière...

Le football est également très populaire dans ce coin du pays. L'équipe de Vancouver, les Lions de la Colombie-Britannique, est dans la Ligue canadienne de football, où jouent aussi les Alouettes de Montréal.

Aux Jeux de Vancouver, quelques athlètes originaires de la Colombie-Britannique sont à surveiller. La skieuse acrobatique Kristi Richards, championne du monde en 2007, aimerait bien monter sur le podium, surtout qu'elle sera devant les siens. Deux athlètes de Whistler se préparent eux aussi à offrir toute une performance : Britt Janyk et Manuel Osborne-Paradis, des experts en descente de ski alpin, viseront rien de moins qu'une médaille. Ce dont ils peuvent être certains, c'est qu'ils auront tous les deux l'appui de la foule. On leur souhaite bonne chance !

MON ŒIL !

Histoires insolites

L'ÉQUIPE DE BOBSLEIGH JAMAÏCAINE

Il y a des montagnes en Jamaïque, mais pas de neige. Par conséquent, imaginez l'étonnement des athlètes des autres pays lorsqu'ils ont vu débarquer l'équipe de bobsleigh jamaïcaine aux Jeux olympiques de Calgary, en 1988 ! Pour tout dire, c'est sa détermination tout autant que sa participation inattendue qui a retenu l'attention. Par exemple, pendant une course, le bobsleigh des Jamaïcains s'est renversé. Ça ne les a pas empêchés de terminer le parcours : ils ont tout simplement transporté leur véhicule sur leurs épaules, sous les applaudissements de la foule. Après plusieurs années difficiles, les Jamaïcains ont surpris le monde entier en terminant au 14e rang aux Jeux de Lillehammer, en Norvège. Mais comment font ces athlètes pour s'entraîner s'il ne neige pas dans leur pays ? Bonne question. L'équipe s'entraîne aux États-Unis, dans le Wyoming. Elle a raté les qualifications aux derniers Jeux, mais elle espère être là à Vancouver. Ce serait cool, *man*.

JOUER AU HOCKEY DANS UNE GROTTE

Pendant les Jeux de Lillehammer, en 1994, les personnes qui désiraient assister aux matchs de hockey n'entraient pas dans un aréna, mais dans une montagne ! En effet, l'amphithéâtre de la patinoire de la ville de Gjøvik a été creusé dans le granit. Pouvant accueillir 5400 spectateurs, il constitue la plus grande salle sculptée dans la roche du monde ! La température moyenne y est de 6 °C. C'est un peu frisquet pour les chauves-souris, mais parfait pour les hockeyeurs ! Comme tous les billets pour le tournoi se sont vendus avant même que les travaux soient finis, les constructeurs se sont taillé une petite loge dans l'un des murs pour pouvoir assister eux aussi aux parties. Ingénieux, non ?

RAAA-LEEEN-TIII…

Vous aimez revoir les buts de votre joueur de hockey préféré au ralenti ? Dites merci aux Jeux d'hiver de 1960 ! Voyez-vous, il n'y avait pas de ralenti à la télé avant ces Olympiques, qui se sont tenus à Squaw Valley, aux États-Unis. Pendant l'une des courses du slalom masculin, les juges ont été incapables de déterminer si un skieur était passé à l'intérieur du piquet d'une des portes ou s'il l'avait contourné. Ils ont donc demandé à une chaîne de télévision s'ils pouvaient visionner l'enregistrement de la course. Et c'est comme ça que CBS aurait eu l'idée d'inventer le ralenti, désormais… incontournable.

NOTRE SPORT NATIONAL

Lors des Jeux d'hiver de Chamonix, en 1924, l'équipe canadienne de hockey a marqué 85 fois sans riposte au cours des 3 premiers matchs auxquels elle a participé... Elle a accordé 3 buts avant la fin du tournoi, mais a terminé la compétition avec un total de 122 buts ! Devinez qui a gagné l'or ? À Oslo en 1952, les Canadiens ont remporté le tournoi pour la sixième fois, portant leur fiche olympique à 37 victoires, 1 défaite et 3 matchs nuls. En 41 parties, ils ont compté 403 buts (une moyenne de 10 buts par match !), n'en concédant que 34 à leurs adversaires. Aux Jeux de Cortina d'Ampezzo, en 1956, les Russes ont participé au tournoi pour la première fois et ont mis fin à la domination canadienne. Notez que ça ne nous a pas empêchés de nous reprendre par la suite... en 2002 !

UN SAUTEUR À SKI SUPER MYOPE ET GRASSOUILLET

Michael Edwards, un modeste plâtrier d'Angleterre, est devenu une célébrité mondiale en représentant son pays aux Jeux d'hiver de Calgary. « Eddie the Eagle » (Eddie l'aigle) a terminé bon dernier dans les épreuves de saut à ski auxquelles il a participé, mais les lunettes épaisses qu'il portait sous ses lunettes de ski, ses kilos en trop et son gros menton à la Dalton, sans oublier son courage, ne sont pas près d'être oubliés.

CHANCEUX !

La première médaille d'or remportée par l'Australie aux Jeux d'hiver a sûrement été remise à l'athlète le plus chanceux de la planète ! En quarts de finale du 1000 m des JO de Salt Lake City, en 2002, le patineur de vitesse sur courte piste Steven Bradbury a terminé troisième, ce qui aurait dû l'éliminer de la compétition, étant donné que seuls les deux premiers étaient retenus. Mais le Québécois Marc Gagnon, deuxième, a été disqualifié, ce qui a permis à Bradbury de passer à l'étape suivante. Pendant les demi-finales, Bradbury était loin de la tête quand plusieurs patineurs ont chuté juste avant la fin... Yé ! Il a donc pu se qualifier pour la dernière course. En finale, même scénario : durant le dernier tour, les quatre concurrents qui étaient devant l'Australien sont tombés... Paf ! Une médaille d'or ! Bradbury est chanceux, ça, c'est certain : en 1994, il a survécu à un accident après avoir perdu quatre litres de sang (notre corps en contient six au total !) ; en 2000, il s'est brisé le cou et a failli rester handicapé à vie, mais il s'est complètement rétabli. Encore plus fort : un beau matin de 2001, sa toast est tombée par terre... et a atterri du côté qui n'était pas beurré !

Sources : CIO, Fédération jamaïcaine de bobsleigh, *Libération*, Wikipédia

Pause
pub

Grimpez au sommet avec les échelles CHAMPION !
CHAMPION
CHAMPION, fier commanditaire des athlètes de HAUT niveau !

QUELS SPORTS VERRONS-NOUS À VANCOUVER ?

DU 12 AU 28 FÉVRIER 2010 À VANCOUVER, ENVIRON 2500 ATHLÈTES VENANT DE PRÈS DE 80 PAYS S'AFFRONTERONT DANS UNE QUINZAINE DE DISCIPLINES. LESQUELLES, DÉJÀ ?

LES SPORTS AVEC ENGINS

LE BOBSLEIGH : Dans un bobsleigh (des mots anglais *bob*, « secouer », et *sleigh*, « traîneau »), il y a un équipage de deux ou de quatre personnes, dont un pilote et un freineur. En haut de la piste, tous ces athlètes poussent l'engin en sprintant avant d'y embarquer. Ensuite, ils doivent faire en sorte que le traîneau soit secoué le moins possible afin de garder la trajectoire idéale et de descendre le plus vite possible (parfois à plus de 130 km/h !) un long corridor glacé plein de courbes. C'est sur cette même piste que les courses de skeleton et de luge sont disputées.

LA LUGE : C'est comme le bon vieux traîneau, mais en beaucoup plus moderne. Les lugeurs portent des combinaisons moulantes qui offrent une résistance minimale lorsqu'ils fendent l'air en descendant, seuls ou avec un coéquipier. Les plus légers enfilent une veste plombée qui les alourdit et leur permet d'aller aussi vite que leurs adversaires plus pesants. La luge, comme le skeleton, ne possède pas de frein ni de direction. Elle descend, c'est tout !

LE SKELETON : Au départ, c'est l'invention d'une luge rappelant la forme du squelette qui a inspiré le nom de cette discipline. Les skeletoneurs dévalent la piste glacée tête première, couchés sur le ventre. Si les concurrents portent tous un casque avec visière, ce n'est certainement pas parce qu'ils ont froid aux yeux!

LES SPORTS SUR GLACE

LE PATINAGE DE VITESSE :

Quelle puissance, quelle grâce! Regardez-moi la grosseur des cuisses de ces athlètes... Les épreuves de patinage de vitesse longue piste sont tenues sur des distances variant de 500 m à 10 000 m (10 km). Elles opposent à chaque départ deux athlètes aux allures d'extraterrestres, avec leurs patins à longue lame, leur combinaison moulante et leurs lunettes aérodynamiques. Aux Pays-Bas, cette discipline est aussi populaire que le hockey peut l'être ici.

LE PATINAGE DE VITESSE SUR COURTE PISTE :

Drôle de sport ! Quatre ou six patineurs s'élancent et tournent en rond sur une patinoire standard, se disputant chaque centimètre carré à une vitesse atteignant parfois 60 km/h... En principe, les contacts sont interdits, mais les accrochages et les chutes sont fréquents. Les patins sont assez particuliers : la lame surélevée est légèrement courbée vers l'intérieur, arquée au milieu et décentrée sur la gauche pour permettre aux athlètes de se pencher au maximum dans les virages qui sont très, très serrés. Ça aide, mais ça ne les empêche pas de tomber !

LE PATINAGE ARTISTIQUE :

Axel, lutz, salchow, triple boucle, walley... Si vous savez qu'il s'agit de figures de patinage artistique, je ne vous apprends rien en vous disant qu'il y a trois épreuves au programme : l'épreuve individuelle, celle en couple et la danse. Le patinage artistique est gracieux, mais la compétition peut être féroce... En 1994, quelques mois avant les JO de Lillehammer, l'entourage de la patineuse Tonya Harding a agressé et blessé sa rivale Nancy Kerrigan afin de l'empêcher de participer aux Jeux. Nancy a récupéré suffisamment pour exécuter plusieurs triples boucles et gagner la médaille d'argent. Na !

LE CURLING : C'est de la pétanque sur glace ! La piste de curling mesure 42 mètres de long, la cible située au bout s'appelle maison et les boules qu'on lance sont des pierres. Un membre de l'équipe fait glisser une pierre vers la maison tandis que ses coéquipiers la suivent en balayant ou non la glace devant elle pour modifier sa trajectoire. Les cris qu'on entend sont ceux du capitaine qui demande à ses coéquipiers de balayer plus ou moins fort. Les formations marquent des points pour chaque pierre qui s'arrête plus près du cœur de la cible que la pierre de l'équipe adverse. Simple, non ?

LE HOCKEY : Avant 1992, les joueurs de hockey professionnels n'avaient pas le droit de participer aux JO. C'est pour cela qu'en 1972 et en 1976 le Canada n'a pas envoyé d'équipe aux tournois olympiques : il prétendait que les joueurs de l'URSS — qui gagnait presque toutes les compétitions — et de quelques autres équipes n'étaient pas réellement des amateurs. Bah... L'important n'est-il pas de participer ? Et puisqu'on en parle... Aux Jeux d'hiver de 1960, allez savoir pourquoi, l'Australie a pris part pour la première — et probablement la dernière — fois de son histoire au tournoi de hockey olympique. Résultats ? 18-1, 12-1, 14-1, 13-2, 19-2 et 11-3... au détriment de l'Australie, évidemment !

LES SPORTS NORDIQUES

LE BIATHLON : Cette discipline combine le ski de fond avec le tir à la carabine. Les fondeurs skient et s'arrêtent pour tirer, couchés ou debout, sur des cibles placées à 50 mètres. La cible est plus petite lorsqu'ils tirent en position couchée, deux fois plus grande lorsqu'ils sont debout. Puis, ils repartent. Pour chaque cible manquée, les skieurs sont pénalisés. Essayez, pour voir, de courir le plus vite que vous le pouvez autour du gymnase pendant cinq minutes, puis arrêtez-vous brutalement pour lancer cinq ballons au panier en moins de 30 secondes. Repartez pour cinq tours de sprint dès que votre cinquième ballon est lancé, sans oublier de rajouter une minute de course pour chaque panier raté. Répétez l'opération quatre fois sans arrêter ni ralentir. Bonne chance !

LE SKI DE FOND : Le programme comporte 12 épreuves. Les principales sont le sprint, le relais, la course individuelle et la poursuite (pendant la première moitié du parcours, les skieurs utilisent la technique classique, les skis parallèles ; durant la seconde moitié, ils ont recours à la technique du pas de patin, c'est-à-dire qu'ils poussent les skis de chaque côté). Vous pouvez parier que les Norvégiens gagneront de nombreuses médailles de ski de fond. Dans leur pays, ce sport est plus populaire que *Hannah Montana*. Oui, c'est sérieux à ce point-là !

LE SAUT À SKI : Les participants glissent le long de tremplins de 90 ou de 120 mètres posés à flanc de montagne et atterrissent le plus loin possible (record : un peu plus de 200 m). Ils sont jugés sur leur position en vol, leur atterrissage et, bien sûr, la longueur de leur saut. Le saut à ski et le combiné nordique (où l'athlète participe aux épreuves de saut à ski en plus d'effectuer un parcours de ski de fond) sont les deux seules disciplines auxquelles les femmes ne participent pas aux Jeux olympiques d'hiver. Ce qui suit n'a aucun rapport, mais c'est quand même intéressant : il paraît que l'anorexie est un problème sérieux dans le monde du saut à ski. En effet, plus un corps est léger, meilleure est sa portance dans les airs (il « prend dans le vent », mettons). Donc, certains skieurs se sous-alimenteraient pour augmenter la distance de leurs sauts. Mince alors...

SPORTS ALPINS

LE SKI ALPIN : Si le 100 mètres est l'épreuve reine des Jeux d'été, la descente est celle des Jeux d'hiver. Rapide, impressionnante et dangereuse, elle a tout pour plaire aux spectateurs. Vraiment, les hommes et les femmes qui dévalent une pente à plus de 140 km/h en équilibre sur deux planches ont beaucoup de courage. Mais il n'y a pas que la descente en ski alpin. Il y a aussi le Super-G (G pour géant), un mélange de descente et de slalom ; le slalom, qui s'effectue sur une distance plus courte, mais pendant lequel les participants doivent passer entre une longue suite de poteaux (les portes), très vite et sans se tromper ; le slalom géant (un long slalom) ; et, pour ceux qui aiment se compliquer la vie, le combiné (les concurrents font une descente et deux slaloms).

LE SURF DES NEIGES : Depuis qu'il a été inscrit au programme des Jeux d'hiver de Nagano, en 1998, le surf des neiges a eu l'effet d'une bouffée d'air frais sur les compétitions olympiques de ski alpin. Les athlètes qui le pratiquent sont souvent très jeunes, et les disciplines, plus spectaculaires les unes que les autres. Le *half-pipe* (ou demi-lune) nous fait voir des figures *(tricks)* audacieuses, le slalom géant parallèle oppose deux planchistes qui descendent simultanément, et l'épreuve de cross met en piste quatre concurrents qui jouent du coude dans un parcours tout en courbes et en sauts. Sérieux, le surf des neiges, c'est la coche !

LE SKI ACROBATIQUE : Quand vient le temps des JO, on aime bien encourager les athlètes de chez nous. Ça tombe bien : les Québécois sont pas mal bons en ski acrobatique. Dans cette discipline, il y a l'épreuve des bosses, qui porte bien son nom parce qu'il s'agit de descendre une pente très raide, pleine de bosses, et celle du saut acrobatique, dans laquelle les compétiteurs se servent d'un tremplin pour accomplir des sauts vraiment périlleux. Ne ratez pas Pierre-Alexandre Rousseau, Alexandre Bilodeau, Stéphanie St-Pierre et les autres à Vancouver. *Schuss* !*

* *Schuss* : mot allemand associé au ski qui signifie « tout droit, on fonce ! »

Énigme

Un remonte-pente est défectueux ; chaque fois qu'il monte de 100 m, il recule aussitôt de 50 m. Si le sommet est situé à 1000 m, combien de fois reculera le remonte-pente avant de s'y rendre ?

Pensez-y bien, vous trouverez…

Réponse à la page 194

La réflexion de Léon

Faut-il être bon
en maths pour compter
beaucoup de buts ?

La raie du gardien !

SLAP!
1, 2, 3, 4, 5...
«Il lance... et compte!»

UN BON... GARDIEN DE BUT !

Tadam ! Un tour du chapeau !

Je me demande vraiment...
... comment on peut arriver à aiguiser des lames de patins !

ON EST FAN OU ON NE L'EST PAS

PUNITION !

Tiens, l'arbitre a appelé une punition !
12
Ah, oui ? Il est rapide !
Je ne l'ai même pas vu prendre son téléphone !

Un filet mignon!

SUPERMASQUES !

TROP NUL

Ils écrivent ici que le match de hockey d'hier était nul.
JOURNAL
Ah, oui ? Quel a été le pointage final ?
JOURNAL
2-2 !
!
JOURNAL

UNE VRAIE PUNITION !

QUESTION DE HOCKEY !

Comment se nomme cette grosse machine, au juste ?

Vous reconnaissez ce drôle de véhicule qui sert à polir la glace de la patinoire avant une partie de hockey ? Vous allez me dire : « Oui, oui, je le sais, c'est une zamboni ! » Euh... pas exactement. En fait, zamboni est le nom de son inventeur, M. Frank J. Zamboni. Il est donc plus juste d'utiliser le terme « surfaceuse » pour la nommer. C'est moins joli, mais plus exact !

ET SI ET SI ET SI...

Bienvenue dans un monde où
L'IMAGINATION est de mise...

ET SI LES JEUX D'HIVER SE DÉROULAIENT L'ÉTÉ ?

Imaginez un instant ce que ça changerait...

> Les patineurs de vitesse longue piste seraient obligés de compétitionner sur les pistes d'athlétisme, chaussés de protège-lames.

> Les bobsleighs seraient remplacés par des boîtes à savon.

> Pour l'épreuve de skeleton, on déroulerait une longue bande de plastique sur une colline et on y ferait couler de l'eau. Les athlètes descendraient en se laissant glisser sur le ventre, comme les pingouins !

> Pendant la cérémonie d'ouverture, certains athlètes défileraient coiffés d'une tuque, mais seulement pour le look.

> En ski alpin, l'épreuve de descente serait disputée sur une immense dune de sable.

> Les skieurs acrobatiques termineraient leurs sauts périlleux par un beau plouf dans un lac.

> Le surf des neiges serait remplacé par le surf tout court.

ET SI LES MÉDAILLES ÉTAIENT EN CHOCOLAT ?

Imaginez un instant ce que ça changerait...

> Tant qu'à faire, le ruban de la médaille serait en réglisse, et le podium sur lequel montent les gagnants, en nougat.

> Au lieu de remettre des fleurs avec les médailles, on offrirait des verres de lait aux champions.

> Les vainqueurs devraient conserver leurs médailles au congélateur.

> Avant de mordre dans une médaille, il faudrait la déballer.

> Un champion comme Michael Phelps pourrait se faire une fondue au chocolat au village olympique.

> Ça ne veut pas dire pour autant que les épreuves seraient « du gâteau »...

> Au lieu de dire : « Je peux voir ta médaille ? », les amis des athlètes demanderaient : « Je peux goûter à ta médaille ? »

ET SI LA DEVISE DES OLYMPIQUES N'ÉTAIT PAS « CITIUS, ALTIUS, FORTIUS »* ?

Imaginez un instant ce que ça changerait...

> Ça pourrait être : « L'important, c'est de participer. »

> Ou : « Ça fait quatre ans qu'on attend ! »

> Ou : « Rien ne sert de courir si on fait du tir à l'arc. »

> Ou : « Bonjour les sportifs ! »

> Ou : « Que le meilleur gagne, tant que c'est moi le meilleur ! »

> Ou : « Finir deuxième, c'est être le premier des derniers. »

> Ou : « Attache ta tuque ! »

Maintenant, à vous d'inventer votre propre devise ! Allez-y, laissez libre cours à votre imagination...

* « Plus vite, plus haut, plus fort »

Saviez-vous ça ?

L'organisation Greenpeace est née à Vancouver en 1969. Il s'agissait au départ d'un groupe de personnes de tous âges qui avaient en commun le désir de protéger l'environnement. Une très bonne idée ! Au début, ces gens s'appelaient le comité Ne faites pas de vagues. Pourquoi ? Parce qu'ils voulaient empêcher les États-Unis de faire des tests en larguant des bombes nucléaires près d'Amchitka, une île au large de l'Alaska. Aujourd'hui, Greenpeace milite pour différentes causes (la protection des baleines, des sources d'eau potable dans le monde, des forêts et des animaux en voie de disparition...), et ce, dans plus de 30 pays à travers la planète. Pas si mal pour une histoire qui a commencé dans le petit salon d'un appartement de Vancouver !

Qui dit vrai ?

Vous devez trouver quelle image correspond à l'affirmation donnée.

Réponses à la page 194

1. Je suis l'emblème officiel du Canada.

a

b

c

Réponse : ________

2. Je suis la feuille provenant de l'érable.

a

b

c

Réponse : ________

3. Je suis reconnu comme le sport d'hiver national du Canada.

a

b

c

Réponse : ________

4. Je suis la capitale du Canada.

a

b

c

Réponse : ________

5. Je suis l'oiseau que l'on retrouve sur les pièces de 1$ canadien.

a

b

c

Réponse : ________

6. J'arbore les couleurs du drapeau canadien.

a

b

c

Réponse : ________

QUE FAIRE DE VOS 10 DOIGTS À PART LANCER DES BALLES DE NEIGE...

ENCOURAGEZ VOS ATHLÈTES PRÉFÉRÉS AVEC UN SUPER-POM PON !

POUR LE RÉALISER, VOUS AUREZ BESOIN DE TOUT CECI :

Trois sacs de plastique de couleurs différentes

Une bouteille vide en plastique, de 500 ml ou moins, avec son bouchon et bien nettoyée, à l'intérieur comme à l'extérieur

Les deux dernières pages de ce livre ou une feuille de papier cartonné de couleur

Une paire de ciseaux

Un couteau de type X-acto

Des grains de riz ou d'orge, des lentilles, des pois ou un autre ingrédient sec

Un entonnoir (ou une feuille de papier roulée en forme de cône)

ÉTAPE 1

Découpez la dernière page de ce livre le long des pointillés, puis, choisissez le côté que vous préférez utiliser (le rouge ou le bleu).

1

2

Roulez la page, assez serré...

3

... afin qu'elle s'introduise bien dans le goulot de la bouteille. Une fois en place à l'intérieur, elle se déroulera et épousera la forme de la bouteille.

4

Placez l'entonnoir sur l'embout de la bouteille et versez-y les grains de riz (ou autres). Remplissez environ la moitié de la bouteille.

5

Pour cette opération, installez-vous sur une planche à découper. De plus, comme l'outil à utiliser est très coupant, demandez à un adulte de vous aider. Il s'agit de faire deux incisions pour former une croix, d'une extrémité à l'autre de l'intérieur du bouchon, avec le couteau X-acto.

Un truc : pas besoin de peser très fort. Repassez plutôt plusieurs fois sur le même trait.

6

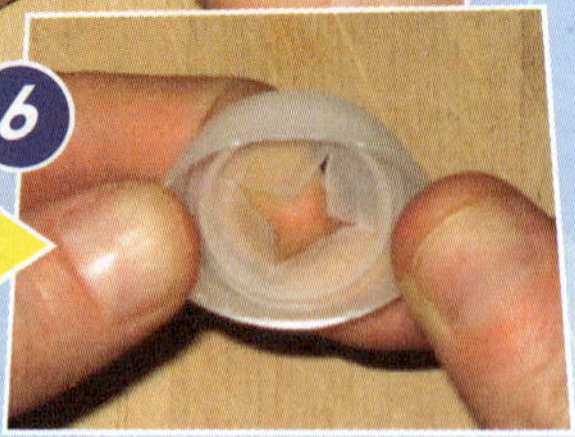

Vous obtenez alors un trou, comme vous le voyez ici !

ÉTAPE 2

7

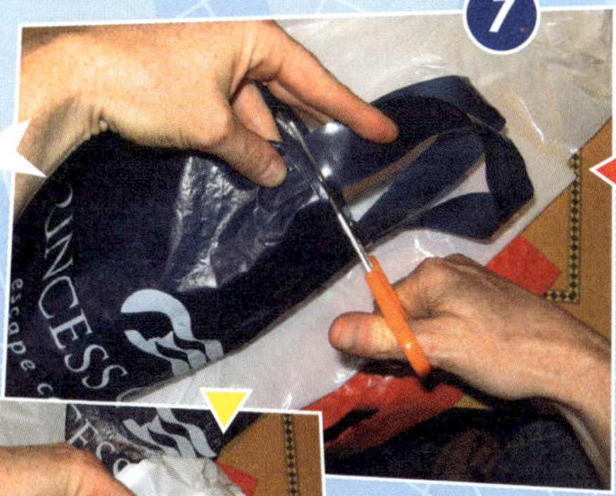

À l'aide des ciseaux, coupez les poignées des sacs de plastique.

8

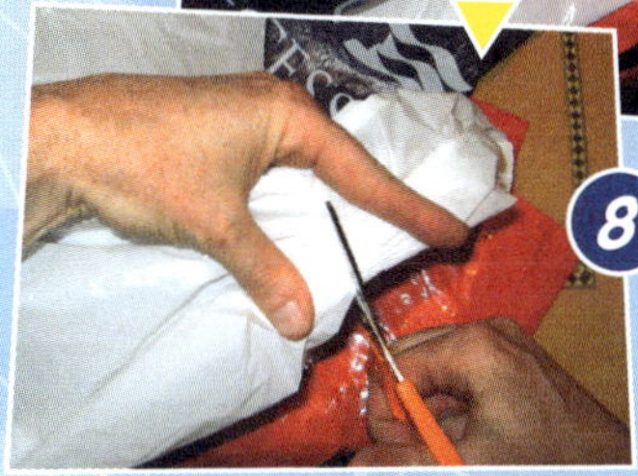

9

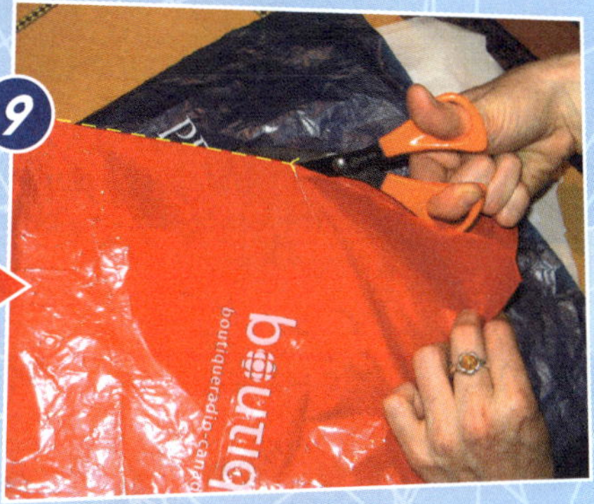

Ensuite, découpez les côtés des sacs.

10

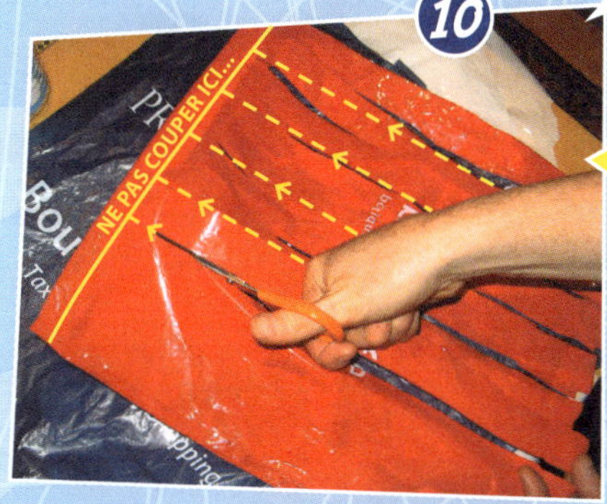

Tout en gardant les sacs pliés en deux, découpez chacun d'eux en longues bandelettes d'environ 2 à 3 cm de large, en prenant bien soin de vous arrêter juste avant d'arriver au bout. (Ainsi, les bandelettes resteront bien attachées ensemble.)

11

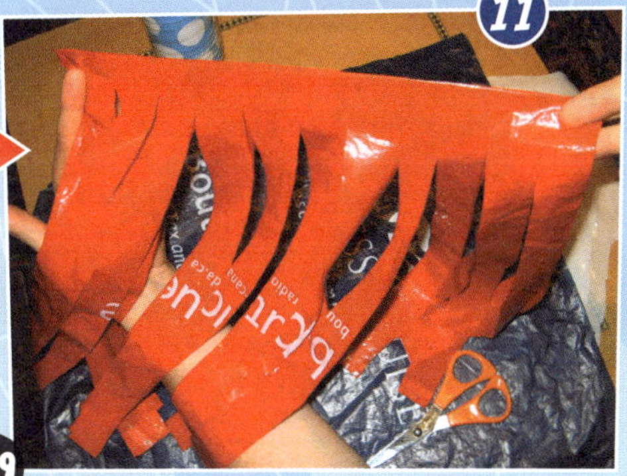

Ça donne ceci !

Roulez la base de chacun des sacs le plus serré possible... en ne lâchant pas ceux qui sont déjà roulés, comme ceci. (Si c'est trop difficile, demandez à quelqu'un de les tenir roulés pendant que vous terminez l'opération.)

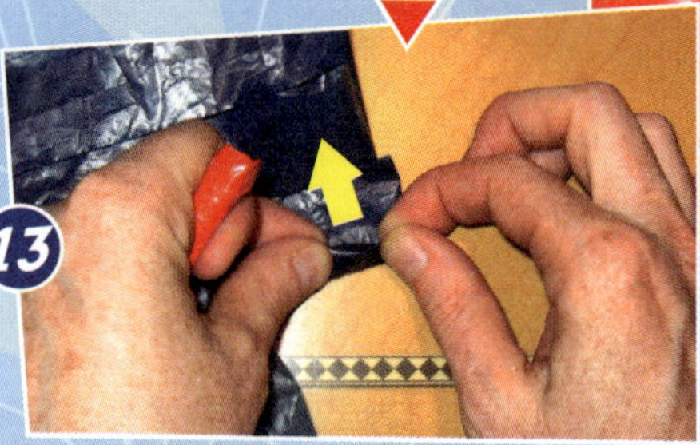

Il faut maintenant faire passer les sacs, un à un, à travers le trou du bouchon.

Assurez-vous de laisser dépasser un bout assez long pour pouvoir y faire facilement un nœud. Ne lâchez pas, c'est bientôt terminé !

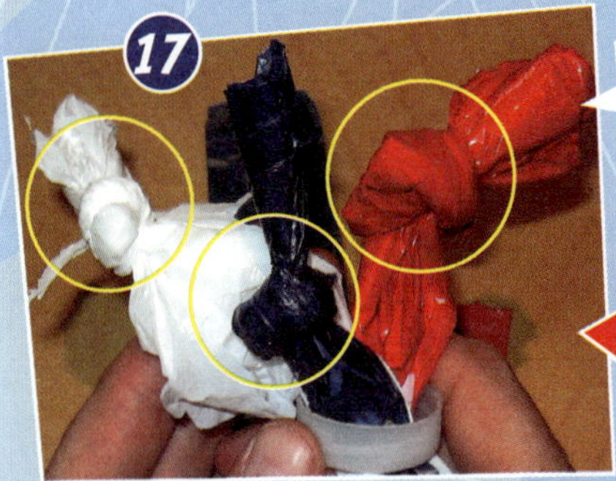

Faites un nœud bien serré, le plus petit possible, dans chacun des sacs, comme ceci.

Entrez les nœuds, un à la fois, à l'intérieur de la bouteille...

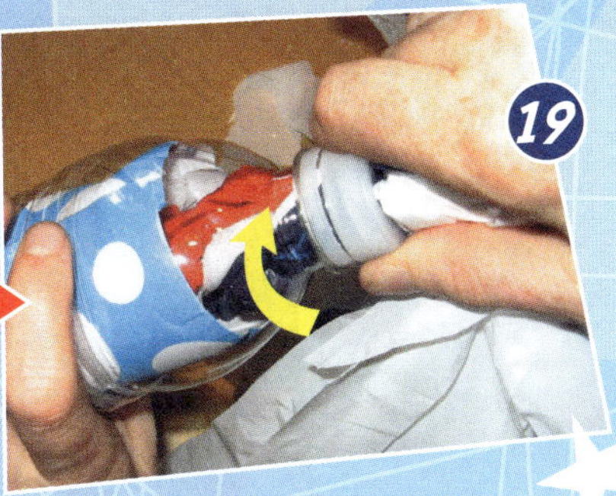

... puis, revissez le bouchon bien solidement !

Il ne vous reste plus qu'à tirer sur les sacs jusqu'à ce que les nœuds se bloquent à l'intérieur du bouchon...

... et à égaliser les bandelettes avec les ciseaux, au besoin.

Voilà ! Vous venez de créer un **SUPERPOMPON** unique tout en faisant de la récupération. Génial, non ?

Allez-y, encouragez vos athlètes préférés !

Go ! Go ! Go !

CAMILLE ET LAURENCE VEULENT SAVOIR

Question: Pourquoi les athlètes mangent-ils souvent des pâtes alimentaires avant une compétition?

« Réponse de Marie-Kristine Laberge, biologiste de formation:

Le corps humain a besoin d'énergie pour fonctionner et il va en chercher dans trois sortes de nutriments contenus dans notre alimentation: les glucides (ou les sucres), les lipides (ou les gras) et les protéines. Les pâtes alimentaires sont une excellente source d'énergie pour les athlètes, car elles renferment beaucoup de glucides. Le riz, les légumes, les fruits et le lait en contiennent aussi beaucoup et constituent donc de bons aliments à manger avant une compétition. C'est que les glucides représentent la source la plus importante d'énergie alimentaire, si bien qu'ils sont indispensables lorsqu'on fait un exercice physique intense.

Une fois dans l'estomac, les pâtes alimentaires sont digérées rapidement et libèrent du glucose, que le corps utilise ensuite pour produire l'énergie nécessaire aux muscles des athlètes. Contrairement aux glucides, les protéines (qu'on trouve surtout dans la viande) prennent du temps à être digérées et transformées en énergie. Donc, si un athlète en consomme juste avant une compétition, il est préférable que ce soit en petite quantité. En outre, plusieurs sources de protéines contiennent aussi des gras: c'est là qu'il faut faire attention, puisque les matières grasses donnent beaucoup de travail à notre système digestif. Lorsqu'on termine un repas et qu'on a l'impression que notre ventre va exploser, c'est souvent parce que ce qu'on a mangé était très riche en gras. Ce n'est vraiment pas l'idéal quand on s'apprête à faire des sauts périlleux en ski!

Voilà pourquoi nos athlètes évitent de manger un gros cheeseburger avec des frites avant une importante épreuve physique et optent plutôt pour un bon spaghetti sauce tomate, sans viande!

Parions que les athlètes italiens auront une longueur d'avance sur tous les autres aux Olympiques de Vancouver: ils consomment tellement de pâtes qu'ils ne manqueront pas d'énergie, c'est certain! »

Devinettes

De quel athlète le bonhomme de neige se méfie-t-il ?

Du fondeur.

Quel sportif est constamment poursuivi par des gens armés ?

Le biathlète.

Qui remonte le tremplin au lieu de le descendre ?

Le sot à skis.

Quel athlète s'arrête dès qu'il n'y a plus de musique ?

Le patineur artistique.

Quelle est la discipline que les patrons préfèrent aux Jeux olympiques d'hiver ?

Le ski de bosses.

Que fait le hockeyeur quand son entraîneur lui demande pourquoi il est en retard à l'entraînement ?

Il patine.

Qu'est-ce que le cadenas et le lugeur ont en commun ?

Une combinaison.

Qu'est-ce qui s'arrête tout juste avant le skieur de descente ?

Le chronomètre.

Qui passe le balai dans le village olympique ?

Le joueur de curling.

Qu'est-ce que les patineurs aiment bien manger pour se sucrer le bec ?

Une glace au chocolat.

À quel endroit, sur le site des JO, est-il toujours interdit de tourner à droite ?

Sur les pistes de patinage de vitesse.

Qui peut gagner une course sans la terminer ?

L'athlète qui participe à une course à relais.

Arbitre en chef au hockey

Photographe : Simon Normand

Stéphanie Normand

Comment se rendre aux Olympiques sans être parmi les meilleurs du monde dans un sport? Stéphanie Normand a trouvé une façon de réaliser ce rêve : elle est devenue arbitre de hockey féminin ! Et ce n'est pas tout : elle est la seule arbitre canadienne à avoir été sélectionnée par Hockey Canada pour participer aux Jeux de 2006, à Turin. Voici donc une passionnée du sport qui tripe vraiment sur son métier !

COMMENT ES-TU DEVENUE ARBITRE ?

Quand j'étais jeune, je chronométrais le hockey à Saint-Eustache ; donc, je connaissais bien le personnel de l'aréna. Les arbitres qui y travaillaient me disaient tout le temps : « Tu devrais venir arbitrer, tu es capable de patiner et tu connais déjà les règlements ! » Au début, j'en avais envie, mais j'étais beaucoup trop gênée pour le faire. Finalement, je me suis décidée à l'âge de 16 ans et j'ai tout de suite aimé ça. J'ai par la suite effectué différents stages, ce qui m'a permis d'arbitrer aux niveaux national puis international.

EN QUOI CONSISTE LE TRAVAIL D'UN ARBITRE EN CHEF ?

D'abord, il faut faire la distinction entre arbitre et juge de ligne. On n'effectue pas le même travail. L'arbitre est l'officiel qui porte un brassard orange autour du bras. C'est lui qui se promène de long en large sur la patinoire pour suivre le jeu dans ses moindres détails. C'est à lui de donner les pénalités, et il doit aussi confirmer si les buts sont bons ou non. Les juges de ligne, eux, sont responsables d'une portion précise de la patinoire et doivent signaler les hors-jeu. Ils n'ont pas à suivre sans arrêt la rondelle et le jeu comme l'arbitre en chef.

QUELLE EST LA CHOSE QUE TU AS ACCOMPLIE DONT TU ES LE PLUS FIÈRE ?

Avoir été sélectionnée pour arbitrer aux Jeux olympiques de Turin, en 2006. Nous étions sept arbitres en chef, et seulement deux d'Amérique du Nord, une Américaine et moi. C'est tout un honneur ! Il y avait 20 matchs en tout, ce qui voulait dire que ce n'était pas toutes les filles qui allaient arbitrer 3 parties. Moi, j'ai eu cette chance ! J'ai savouré chaque moment de cette expérience et je m'en souviendrai toute ma vie. C'était super !

Photographe : Bernard Brault

L'arbitre en pleine action

EST-CE QUE TU ARBITRES PARFOIS DES PARTIES OPPOSANT DES GARÇONS ?

Oui, il m'arrive souvent d'arbitrer des matchs entre des équipes masculines au hockey junior. L'été, j'arbitre aussi les parties amicales entre les joueurs des Canadiens, à Rosemère. Ils sont toujours très gentils ! Et, si la Ligue nationale se décidait un jour à engager des femmes, j'aurais les qualifications nécessaires pour être embauchée, puisque j'ai obtenu le niveau 6, le plus haut niveau d'arbitrage, qui permet de faire partie de cette ligue.

QUELLES SONT LES QUALITÉS NÉCESSAIRES POUR QU'ON DEVIENNE UN BON ARBITRE ?

Le plus important, c'est d'être capable de respecter tout le monde avec qui on travaille, qu'il s'agisse des joueurs ou des entraîneurs. Si, par exemple, un joueur se met à me crier après parce qu'il n'est pas content d'une de mes décisions, il ne faut surtout pas que je me fâche moi aussi. Ça ne ferait qu'empirer les choses ! Je dois rester calme et garder mon sang-froid. Le jugement et la concentration sont aussi essentiels : on doit être capable de prendre les bonnes décisions au bon moment, sans être influencé par quiconque sur la glace. J'ajouterais qu'une bonne forme physique est un atout important puisque, pour suivre le jeu sur la patinoire, il faut être vite sur ses patins !

QUI SONT TES JOUEURS ET JOUEUSES PRÉFÉRÉS ?

Chez les hommes, c'est le Russe Alexander Ovechkin, le joueur étoile des Capitals de Washington. Il est magnifique à voir aller ! Du côté des filles, j'aime beaucoup Marie-Philip Poulin, une fille de la relève. Elle est incroyable : je n'ai jamais vu une hockeyeuse capable de déjouer autant ses adversaires ! J'aime aussi les deux gardiennes d'Équipe Canada, Kim St-Pierre et Charline Labonté, qui sont excellentes.

Le Métier Super Cool

Analyste commentateur

Alain Goldberg

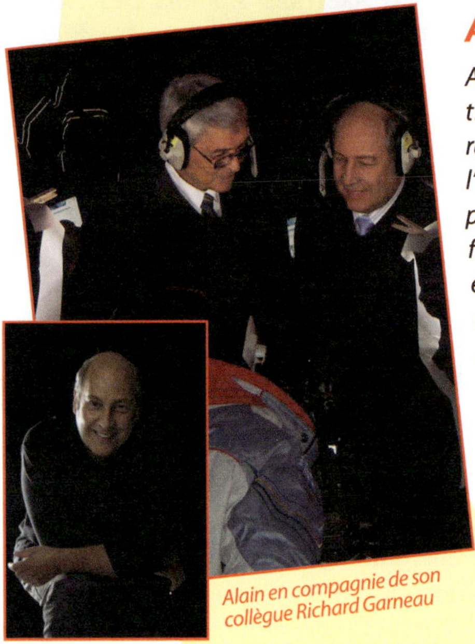

Alain en compagnie de son collègue Richard Garneau

Avez-vous déjà regardé le patinage artistique à la télévision ? Si oui, vous vous rappelez sûrement la voix de celui qui fait l'objet de cette chronique. En observant les patineurs à l'œuvre, il s'emballe, s'exclame, frissonne et partage avec nous toutes ses émotions au moyen de sa voix ! Il s'agit d'Alain Goldberg, le plus célèbre analyste commentateur de patinage artistique du Québec.

COMMENT AS-TU COMMENCÉ À EXERCER CE MÉTIER ?

Au départ, j'étais moi-même un athlète. À l'époque où j'avais encore des cheveux et une silhouette un peu différente de celle que j'ai aujourd'hui, je pratiquais le patinage artistique. J'ai dû abandonner ma carrière après avoir subi une blessure à l'épaule. Par la suite, je suis devenu entraîneur en Europe (je viens de la France), puis j'ai immigré au Canada, plus précisément à Chicoutimi, où j'ai continué à faire ce métier pendant cinq ans. Un jour, alors que je préparais un spectacle, j'ai rencontré un dénommé Gérard Potvin, qui m'a demandé si je serais prêt à commenter une émission des Héros du samedi *consacrée au patinage artistique. Les gens qui m'ont engagé m'ont bien apprécié et, de fil en aiguille, j'ai poursuivi dans cette voie.*

EN QUOI CONSISTE LE TRAVAIL D'UN ANALYSTE COMMENTATEUR DE PATINAGE ARTISTIQUE ?

Pour bien l'illustrer, pensons au hockey : durant les matchs, des commentateurs expliquent ce qui se passe sur la glace en décrivant le jeu. Par la suite, des analystes se prononcent sur la performance des joueurs. Mon travail à moi combine ces deux actions : je dois, d'une part, raconter ce qui se passe sur la glace pendant qu'un patineur s'exécute et, d'autre part, analyser la qualité des éléments techniques de sa performance. Tout ça se fait simultanément. Ce qui est le plus important dans le travail d'un analyste commentateur, c'est de mettre en valeur les exploits des athlètes.

QU'EST-CE QUE TU AIMES LE PLUS DANS TON MÉTIER ?

J'adore être celui qui souligne, pour les spectateurs, les éléments les plus remarquables de ce que je considère comme le plus beau sport du monde ! En plus, comme je n'ai pas pu aller jusqu'au bout de ma carrière de patineur, mon travail me permet d'assouvir la passion que j'éprouve pour cette discipline.

ET QU'EST-CE QUE TU AIMES LE MOINS ?

Parfois, les juges qui évaluent les athlètes n'ont pas toutes les compétences nécessaires pour le faire. En patinage artistique, il y a deux volets très spécifiques : la technique, qui comprend les sauts, les pas et les pirouettes, et le côté artistique, dans lequel on trouve les mouvements, l'aspect chorégraphique et l'utilisation de la musique. Les patineurs sont malheureusement souvent victimes d'injustices causées par l'ignorance des juges sur un de ces deux plans. C'est toujours décevant d'être témoin de cela.

AS-TU UNE IDOLE ?

Dans le monde du patinage, je dirais le Canadien Kurt Browning, un athlète d'exception. Chez les dames, j'admire la progression de Joannie Rochette ; c'est tout simplement phénoménal, ce qu'elle a réussi à accomplir dans les dernières années. Sinon, dans la vie en général, je suis un grand fan de Barack Obama, le président des États-Unis.

QUELLES SONT LES QUALITÉS NÉCESSAIRES POUR QU'ON DEVIENNE UN BON ANALYSTE COMMENTATEUR ?

Il faut être capable de se remettre en question et être très travaillant. Plus on sait de choses, plus on s'aperçoit qu'on ne sait pas tout ! Le patinage artistique est un sport qui évolue énormément chaque année et, pour bien l'expliquer aux spectateurs, on doit constamment se mettre à jour. De plus, je pense qu'il faut trouver une façon personnelle de communiquer au public ce qui se passe sur la glace. Par exemple, il est important que notre voix soit en communion avec la musique. On doit choisir le bon moment pour intervenir, sans gâcher le plaisir que les téléspectateurs ont à regarder la performance du patineur ou de la patineuse.

QUELLES SONT TES PRÉDICTIONS POUR VANCOUVER 2010 ?

Joannie Rochette devrait atteindre le podium ; elle sera elle-même sa plus grande rivale ! Chez les hommes, le Canadien Patrick Chan pourrait livrer une chaude lutte au Français Brian Joubert. Lui aussi devrait revenir avec une médaille ; c'est un patineur magnifique. Mon cœur sera avec eux, c'est certain !

Le Métier Super Cool

Physiothérapeute

Joëlle Robichaud-Dion

Les athlètes sont toujours bien entourés. Ils ont toute une équipe derrière eux! Pour soigner le moindre bobo durant les compétitions, il est nécessaire de profiter des services d'une personne: le ou la physiothérapeute. C'est le métier super cool que pratique Joëlle Robichaud-Dion. Elle nous en parle.

COMMENT EN ES-TU ARRIVÉE À EXERCER CETTE PROFESSION ?

Adolescente, je faisais du kayak de vitesse et j'étais souvent blessée aux épaules. J'ai donc commencé à recevoir des traitements de physiothérapie dans une clinique. J'ai vu l'ambiance qui y régnait, et ça m'a beaucoup plu. C'est de cette façon que je me suis intéressée à ce métier dès l'âge de 15 ans. Je n'ai jamais changé de choix de carrière par la suite.

EN QUOI CONSISTE LE TRAVAIL D'UN PHYSIOTHÉRAPEUTE SPORTIF ?

Il assiste l'athlète qui a subi une blessure pour l'amener à une guérison complète. Pour cela, nous proposons à nos patients des exercices spécifiques et nous procédons à diverses manipulations sur eux, comme des massages et des étirements. Il existe plusieurs branches en physiothérapie; moi, je travaille principalement en orthopédie. Il s'agit de traiter les personnes qui ont des problèmes aux os, aux muscles, aux ligaments ou aux tendons. Je soigne les blessures traumatiques (causées par un accident) ou celles liées à la surutilisation. De plus, je fais ce qu'on appelle du « terrain » : je suis celle qui, pendant les parties de soccer ou de football, par exemple, se rend sur le terrain pour s'occuper d'un athlète qui vient de faire une mauvaise chute ou de subir un contact trop violent.*

* Surutilisation : le fait d'utiliser, de faire forcer trop souvent.

QU'EST-CE QUE TU AIMES LE PLUS DANS TON MÉTIER ?

Ce que je préfère, c'est avoir la chance de suivre la rééducation complète d'un athlète dont j'ai vu l'accident. De cette façon, je sais exactement ce qui est arrivé et je peux tout de suite offrir le meilleur traitement possible. Et puis c'est toujours gratifiant de constater que nos soins finissent par porter leurs fruits !

Joëlle en pleine action, avec une joueuse de football

QUELLES SONT LES QUALITÉS NÉCESSAIRES POUR QU'ON DEVIENNE UN BON PHYSIOTHÉRAPEUTE ?

C'est clair qu'à la base il faut aimer travailler avec les gens, être sociable. Un physiothérapeute a constamment des contacts physiques avec ses patients. La gêne n'est donc pas de mise ! De plus, la débrouillardise et la créativité sont des atouts indispensables pour pratiquer ce métier : il n'y a pas deux cas pareils. Les traitements sont toujours différents d'un patient à l'autre, et ce, même s'il s'agit de la même blessure. J'ajouterais qu'il faut aimer l'école et avoir de bonnes notes, puisqu'on doit faire de longues études axées surtout sur le domaine scientifique afin de devenir physiothérapeute.

Y A-T-IL UNE SITUATION OÙ TU AS ÉTÉ PARTICULIÈREMENT FIÈRE DE TOI ?

Le printemps dernier, j'étais la physiothérapeute responsable durant un match de soccer féminin de niveau 3A. J'ai dû assister une jeune fille qui s'était cassé la jambe ; c'était une très mauvaise fracture. Elle souffrait beaucoup, et c'était la première fois que j'étais témoin d'un accident aussi grave. Je l'ai prise en charge et j'ai réussi à la calmer. J'ai travaillé en collaboration avec les ambulanciers, et tout s'est bien déroulé. J'avais le sentiment d'avoir fait tout ce qui était en mon pouvoir, et c'était très gratifiant.

AS-TU UN RÊVE SUR LE PLAN PROFESSIONNEL ?

J'aimerais beaucoup devenir un jour la physiothérapeute en chef de l'équipe nationale de kayak de vitesse. Je pourrais ainsi l'accompagner aux Jeux olympiques et réaliser un rêve de jeunesse. Un jour, ce sera mon tour !

Y A-T-IL BEAUCOUP D'EMPLOIS DANS TON DOMAINE ?

Oui, tout à fait ! Lorsqu'un physiothérapeute termine ses études, plein d'avenues s'offrent à lui. On peut travailler dans les hôpitaux, les centres de rééducation, les cliniques privées, sur le terrain, pour un club de sport (comme le Canadien de Montréal !), dans les écoles, etc. Il y a vraiment beaucoup de possibilités !

24 HEURES DANS LA VIE D'UN ATHLÈTE...

... avant une compétition importante !

Avec Jasey-Jay Anderson, un superplanchiste

LA JOURNÉE AVANT LA COMPÉTITION...

Le plus important, la veille d'une compétition, c'est de me reposer le plus possible. Je ne fais donc rien de trop fatigant.

18H00 Je soupe. Je prends un bon repas avec beaucoup de protéines, question de me donner des forces pour les 24 prochaines heures !

19H00 Je fais mes sacs pour le lendemain. Je dois vérifier que rien n'est abîmé, que mes fixations sont bien solides et que tout mon équipement est là. Le plus important, ce sont les 3 B : *board* (planche), *boots* (bottes), *binding* (fixations) ! Si j'ai ça, je peux prendre part aux courses.

20H00 Je fais un peu de lecture, j'écoute la télévision et j'écris des courriels à mes proches. Parfois, j'appelle ma femme et mes filles à Tremblant.

23H00 C'est l'heure du dodo !

LE GRAND JOUR...

05H30 L'heure du réveil... Je préfère ne pas trop dormir la nuit avant une compétition. Je me sens plus d'attaque, plus vif d'esprit, quand j'ai pu profiter de 6 ou 7 heures de sommeil.

06H00 Je prends mon déjeuner. J'essaie de m'assurer que les quatre groupes alimentaires sont représentés : je mange du yogourt ou du fromage, des fruits, des œufs, du pain. J'aime bien aussi « souper le matin » : rien de mieux qu'une bonne lasagne ou un steak comme premier repas (mais en plus petites portions !).

07H00 Je me rends sur le site de la compétition...

07H30 C'est le temps de m'échauffer. Plus je vieillis et plus la période d'échauffement est importante. Je dois faire une activité aérobique, du vélo stationnaire, par exemple, pour faire monter mes battements de cœur et activer ma circulation.

08H00 C'est maintenant le moment d'entrer en piste. Je fais en moyenne deux ou trois descentes à l'endroit où aura lieu la compétition. Si je ne me sens pas à l'aise sur le parcours, je fais plus de descentes pour essayer de trouver ma zone de confort. Il faut toutefois éviter de répéter l'exercice trop souvent, puisque les journées de compétition sont très longues ; on doit garder son énergie !

09H30 Les qualifications commencent. J'attends impatiemment mon tour. Je dois faire deux courses, séparées l'une de l'autre par une pause d'environ 30 à 60 minutes.

11H30 C'est l'heure du dîner. Je mange le plus et le mieux possible. Je choisis des aliments faciles à digérer, comme des pâtes alimentaires (avec un peu de sauce), beaucoup de fruits et de légumes. Il ne faut pas oublier de bien s'hydrater : les jours de compétition, on perd beaucoup d'eau puisqu'on fournit d'énormes efforts physiques.

13 H00 C'est le dernier sprint qui commence : les 16 premiers des qualifications participent à la finale. Nous arrêtons seulement pour faire la pause pipi... Nous devons faire 8 courses avant de savoir qui sera le grand vainqueur. Plus ça avance et plus c'est rapide. Nous sommes constamment sur la piste ou dans le remonte-pente.

15 H30 C'est l'heure fatidique, la dernière descente. L'adrénaline* est à son maximum ! Il faut tout donner !

16 H00 C'est fini ! Si j'ai gagné une médaille, ma journée de travail se termine sur le podium. Je m'assure que je n'ai pas de morve au nez, que le nom de mes commanditaires est bien visible sur mon habit, et j'affiche mon plus beau sourire !

16 H30 Je donne quelques entrevues aux journalistes et je parle de la course avec les autres compétiteurs pour connaître les histoires savoureuses qui sont arrivées dans la journée. C'est toujours bien amusant !

18 H30 Pour terminer ça en beauté, je vais fêter ma victoire (ou celle d'un coéquipier) autour d'un bon repas. Nous sommes comme une vraie famille ; nous nous rassemblons tous et nous passons la soirée à rire comme des petits fous !

*Adrénaline : hormone produite par notre corps qui accélère le rythme cardiaque et augmente la pression. Jasey-Jay est donc très motivé et prêt à foncer !

EXCUSES PRATIQUES POUR REGARDER LES JO !

1. Dites à vos parents que les Jeux olympiques d'hiver, ça n'a lieu qu'une fois tous les quatre ans !

2. Si, d'habitude, ils vous reprochent de ne pas faire d'activité physique, expliquez-leur que vous cherchez un sport d'hiver à pratiquer.

3. Prétendez que vous souhaitez améliorer votre coup de patin et que la meilleure façon d'y arriver, c'est d'observer les plus grands athlètes du monde dans ce domaine !

4. Renseignez-vous d'abord sur la carrière d'un ou d'une athlète, puis prouvez à vos parents que vous êtes vraiment un fan. Aaah... Ola Vigen Hattestad, mon idole ! Un petit conseil : choisissez quelqu'un dont le nom n'est pas trop difficile à prononcer...

5. Dites qu'il y a un concours télévisé durant l'événement, que la mascotte des Jeux peut surgir à tout moment au bas de l'écran et qu'il faut noter l'heure de son apparition. Si la télé chez vous est pourrie, précisez que le grand prix est un écran plat de 72 pouces.

6 Arrangez-vous pour que les JO soient le sujet d'un de vos travaux à l'école...

7 Manifestez un intérêt profond pour une nation qui participe aux Jeux olympiques d'hiver. Par exemple, dites à vos parents que la Norvège est un pays qui vous fascine (soyez sûrs de connaître au moins le nom de la capitale et celui d'un ou deux athlètes norvégiens : ça fera plus sérieux...).

8 Comme les compétitions télévisées sont souvent accompagnées de reportages sur la ville hôtesse des Jeux, prétextez que vous voulez tout savoir sur Vancouver, cette ville magnifique au bord de l'océan Pacifique.

9 Dites que le lancer de la boule de neige sera un sport de démonstration à Vancouver et que ça fait des années que vous vous pratiquez... Vous voulez savoir si vous êtes de calibre international !

10 Rappelez à vos parents qu'aux Jeux olympiques, l'important, c'est de participer. Le moins que vous puissiez faire, c'est d'encourager les athlètes devant la télé !

TEST PERSO

Êtes-vous sportif ?

C'est ce qu'on va voir !

1. C'est samedi matin. Vous jetez un coup d'œil à l'extérieur : il fait soleil ! Vous êtes plutôt du genre à...

Ⓩ ... refermer les yeux et à vous rendormir pour quelques heures encore. Ⓨ ... sauter hors du lit et à vous habiller à toute vitesse pour aller faire votre jogging. Ⓧ ... Déjeuner tranquillement, puis à appeler un ami pour organiser une activité à l'extérieur. Ⓦ ... vous lever et à descendre directement au sous-sol pour regarder les émissions du matin à la télé.

2. Votre professeur d'éducation physique demande à votre classe de choisir entre trois activités : le ballon-chasseur, le soccer et la course à pied à l'extérieur. Vous êtes plutôt du genre à...

Ⓨ ... choisir le soccer, car c'est l'activité qui, selon vous, permet de dépenser le plus d'énergie. Ⓦ ... opter pour le ballon-chasseur puisque, dès que vous aurez été touché par le ballon, vous serez éliminé et n'aurez plus rien à faire. Ⓧ ... préférer la course à pied parce que vous avez le goût de prendre l'air. Ⓩ ... faire semblant d'être malade pour éviter d'avoir à faire quelque activité sportive que ce soit.

3. Votre école est tout près de chez vous. Vous êtes plutôt du genre à...

(Z) ... y aller quand même en autobus tous les matins pour éviter d'avoir à marcher. (X) ... faire le trajet rapido en vélo lorsqu'il fait beau, ce qui vous permet de dormir un peu plus longtemps. (W) ... y aller à pied lorsqu'il ne fait pas trop froid. (Y) ... vous y rendre en joggant, en ajoutant deux allers-retours pour que ça vaille la peine, après votre série de redressements assis et de pompes, parce que vous trouvez que faire de l'exercice, ça commence toujours bien la journée.

4. C'est le carnaval d'hiver à votre école. Toutes sortes d'activités sont organisées. Vous êtes plutôt du genre à...

(W) ... demander à vos amis, avant de faire un choix, où ils ont l'intention d'aller ; vous n'avez pas vraiment de préférence. (Z) ... choisir une activité à l'intérieur qui vous permettra de jaser avec vos copains toute la journée. (Y) ... participer à la journée d'escalade sur glace : ça doit être vraiment cool ! (X) ... opter pour la journée mixte : un avant-midi de raquette combiné avec un après-midi de bowling !

5. Vous voulez impressionner une fille ou un gars de votre classe qui vous plaît. Vous êtes plutôt du genre à...

(W) ... lui réciter le nom des provinces canadiennes et de leur capitale, tout en sautant sur une jambe. (X) ... l'inviter à voir un film et à marcher avec vous jusqu'au cinéma, même si c'est un peu loin. (Y) ... lui proposer d'aller faire un tour de patins à roues alignées. (Z) ... lui écrire un poème et à le lui envoyer par courriel.

6. À l'école, on vous oblige à consacrer du temps à la lecture. Vous êtes plutôt du genre à...

Z ... vous endormir après la troisième page. Y ... demander si vous pouvez lire tout en pédalant sur le vélo stationnaire du gymnase, vu que la lecture toute seule, ça ne bouge pas assez. W ... commencer le roman d'aventures que vous avez reçu à Noël. X ... opter pour le livre de Léon sur les olympiques, parce qu'on n'en sait jamais assez sur le sport.

7. Vous êtes en vacances au bord de la mer avec votre famille. Pendant que vos parents se font dorer la couenne au soleil, vous êtes plutôt du genre à...

Y ... essayer la nouvelle planche de surf de votre cousin. C'est trop cool! Z ... lire un livre d'aventures. W ... faire des châteaux de sable avec votre cousine de quatre ans qui court partout. X ... faire une promenade en arrêtant pour nager un peu lorsque vous avez trop chaud.

8. C'est votre anniversaire. Pour l'occasion, vos parents vous permettent de faire une activité spéciale avec vos amis. Vous êtes plutôt du genre à...

X ... organiser des miniolympiades comprenant plein d'épreuves comiques, comme la course en poche de patates et le lancer de la balloune d'eau. Z ... regarder des films d'horreur toute la journée en mangeant du pop-corn. Y ... passer la journée de votre anniversaire dans le parc de la ville, où vous pourrez jouer au tennis et au volleyball, et faire une partie de water-polo dans la piscine publique. W ... préparer un pique-nique que vous mangerez avec vos amis au bord d'un lac où vous pourrez vous baigner.

9. **Votre mère vous demande d'aller chercher votre petit frère chez la gardienne, qui habite à quelques pâtés de maisons de chez vous. Vous êtes plutôt du genre à...**

(X) ... en profiter pour essayer votre nouveau vélo tout-terrain. (W) ... rouspéter un peu en disant que vous êtes fatigué, avant de vous y rendre à pied. (Z) ... demander en cachette à votre père de vous y emmener en voiture. (Y) ... courir aussi vite que vous le pouvez jusque chez la gardienne pour pratiquer votre 100 mètres.

10. **Vous êtes devant la télé. Vous êtes plutôt du genre à...**

(X) ... regarder le match de hockey opposant vos équipes préférées.
(W) ... regarder un film d'action qui vous tient en haleine.
(Y) ... jouer au tennis sur la Wii : il faut tout le temps bouger !
(Z) ... ronfler. Ça vous endort toujours, la télévision !

Résultats :

Vous avez obtenu une majorité de (Y) :

Impressionnant ! Vous êtes parfaitement incapable d'imaginer une vie sans sport. Vous êtes en pleine forme et n'arrêtez jamais une minute. Attention : parfois, vous oubliez de laisser votre corps se reposer un peu...

Vous avez obtenu une majorité de (X) :

Vous aimez beaucoup les sports. Toutes vos activités préférées vous permettent de bouger, et c'est très bien ainsi ! Vous gardez la forme, mais savez quand vous arrêter.

Vous avez obtenu une majorité de (W) :

Du sport, vous voulez bien en faire, mais pas tout le temps. Vous aimez aussi le cinéma et la musique. Peut-être est-ce un artiste qui se cache en vous plutôt qu'un grand athlète ?

Vous avez obtenu une majorité de (Z) :

Pour vous, le sport... c'est plate ! Vous savez que c'est important pour votre santé, mais vous trouvez pas mal plus cool de lire un livre ou de passer du temps à placoter avec vos amis que de transpirer et d'avoir mal partout en pratiquant une activité physique. À chacun ses goûts !

Saviez-vous ça ?

Lors des Jeux d'hiver de 2002, à Salt Lake City, aux États-Unis, tout un scandale a entouré Jamie Salé et David Pelletier, le célèbre couple canadien de patineurs artistiques. Une des juges de la compétition a avoué avoir voté sous l'influence de son compatriote de la Russie, qui lui avait demandé de couronner champion le couple formé par deux Russes. Ces derniers avaient pourtant commis des erreurs évidentes. Ce n'était vraiment pas juste pour le couple chéri du Canada qui, lui, avait offert une performance époustouflante. Après tous leurs efforts, Jamie et David voyaient leur rêve s'effondrer. Pas très cool, non ?

Après une enquête sérieuse, la Fédération de patinage artistique a suspendu la juge en question pour une durée de trois ans et, finalement, une deuxième paire de médailles d'or a été remise à Jamie et David. Justice était faite !

JEUX PARALYMPIQUES

APRÈS LES OLYMPIQUES, LES PARALYMPIQUES!

Quelques jours après la fin des Jeux olympiques, un autre événement sportif important commencera: les Jeux **paralympiques.**

Le mot «**paralympiques**» est dérivé des termes «paraplégique*» et «olympique». Logique! Au fil des ans, comme ce n'étaient plus seulement les personnes paraplégiques qui pouvaient participer à cet événement, mais bien toutes celles ayant un handicap, on en est venu à dire que «para» signifiait plutôt «parallèle».

Les Jeux **paralympiques** sont donc l'équivalent des Jeux olympiques, mais pour les personnes qui ont un handicap. Ce sont des athlètes hors pair, qui se surpassent de manière tout aussi spectaculaire que les participants aux Olympiques. Cette compétition est pour eux une occasion de montrer à la planète entière qu'être différent n'empêche pas d'exceller dans le sport.

L'événement est tout de même assez récent; il n'y a pas si longtemps qu'on donne aux athlètes ayant un handicap la chance de révéler leurs multiples talents. Heureusement qu'un certain docteur anglais a un jour eu une superidée...

* Paraplégique: personne qui a perdu l'usage de ses jambes.

GÉNIAL, CE Dr GUTTMANN!

À la suite de la Deuxième Guerre mondiale, d'où plusieurs soldats sont revenus blessés, un médecin anglais, Ludwig Guttmann, a inventé le *handisport* (*handi* pour « handicapé », vous l'aviez deviné !). Il s'agissait en fait d'organiser des jeux sportifs adaptés aux personnes qui avaient perdu l'usage d'un membre, pour leur permettre de bouger et de garder la forme. Le *handisport* était au départ une activité de loisir, mais est devenu par la suite une compétition. Tu parles d'une bonne idée !

Le ski alpin était un des *handisports* les plus populaires. On organisait des compétitions partout où il y avait des montagnes et de la neige en Europe. Au début, ces épreuves étaient réservées aux skieurs capables de se tenir debout et aux athlètes atteints de problèmes de la vue. Puis, en 1970, est arrivé le monoski, c'est-à-dire un siège fixé sur un seul ski. Une invention bien pratique lorsqu'on veut faire du ski et qu'il nous manque, malheureusement, une jambe !

Évidemment, pour que chaque épreuve soit équitable, il faut établir des catégories en fonction de chaque handicap. Ce ne serait pas juste si un manchot* devait affronter un unijambiste en descente de ski alpin, puisque les jambes sont plus utiles que les bras dans ce sport !

* Manchot : personne à qui il manque une main ou un bras.

Les premiers Jeux **paralympiques** d'hiver officiels se sont déroulés à Örnsköldsvik (essayez de prononcer ça, pour voir !), en Suède, en 1976. Seulement deux épreuves existaient à l'époque : le ski de fond et le ski alpin, adaptés aux différents handicaps.

LES PARALYMPIQUES, C'EST DU SPORT!

Aux Jeux de Vancouver, en 2010, environ 1350 athlètes participeront aux compétitions dans les 5 sports suivants : le hockey sur luge, le curling en fauteuil roulant, le biathlon, le ski alpin et le ski de fond **paralympiques**. Comme vous l'avez probablement remarqué, les *handisports* sont des adaptations des sports qu'on pratique déjà aux Jeux olympiques.

Les 10es Jeux **paralympiques** d'hiver se dérouleront du 12 au 21 mars 2010, sur les sites où auront eu lieu, juste avant, les Olympiques traditionnels. Le Canada est à surveiller ! À Turin, en 2006, notre pays a récolté 12 médailles, dont 5 d'or, ce qui nous a permis de nous classer au 6e rang au tableau des médaillés !

ENCOURAGEONS NOS CHAMPIONS !

L'équipe mixte canadienne de curling en fauteuil roulant, qui a remporté l'or aux derniers Jeux, est à suivre de près. La skieuse Lauren Woolstencroft sera également une adversaire redoutable puisqu'elle compétitionnera devant les siens (elle est native de Vancouver) : ça lui fournira certainement une motivation extraordinaire ! Souhaitons-lui de battre ses records personnels et d'ajouter d'autres médailles à sa collection olympique, qui en compte déjà trois d'or, une d'argent et une de bronze.

Finalement, il serait bien étonnant que nous n'obtenions pas une place sur le podium en hockey sur luge, une discipline dans laquelle le Canada n'en finit plus de se démarquer : champions du monde l'an dernier et détenteurs de la médaille d'or à Turin, en 2006, les joueurs de cette équipe seront très difficiles à battre ! Souhaitons-leur bonne chance.

Et tiens, puisque nous parlons de hockey sur luge, voici Jean Labonté, le capitaine de la formation canadienne, qui nous donne un accès privilégié à son sport et à sa vie d'athlète **paralympique**.

Portrait

d'un athlète de hockey sur luge

Jean Labonté

Enfant, il souhaite devenir un joueur de hockey, comme bien des petits garçons de son âge. Toutefois, lorsqu'il perd l'usage d'une jambe, à 17 ans, son rêve semble destiné à ne jamais se réaliser. Et pourtant... Voici Jean Labonté, un athlète talentueux et persévérant qui réussit à transformer ses désirs en réalité !

Jean naît à Hull (aujourd'hui Gatineau) et grandit dans une famille de cinq enfants dont il est le cadet. Jeune, il ne souffre d'aucun handicap et est très actif : il adore la natation, joue un peu au baseball et au hockey, mais seulement avec ses amis, sans être membre d'une équipe officielle. Il caresse alors deux rêves qui n'ont aucun rapport l'un avec l'autre : le premier est de devenir dentiste, et le second, de faire partie d'une vraie équipe de hockey sur glace.

Le soir, dans son lit, Jean se voit jouer avec les plus grands noms des Canadiens de Montréal de l'époque : Larry Robinson et Guy Lafleur. Il s'imagine sur la glace lorsque le commentateur annonce : « Et c'est le buuuuuutt ! » Comme ses parents ne sont pas vraiment intéressés par le sport, il n'ose pas leur demander de l'inscrire dans une ligue. Il garde ce souhait caché dans sa tête d'enfant...

À l'adolescence, il apprend une très mauvaise nouvelle : il est atteint d'un cancer des os qui s'est attaqué à son tibia gauche. C'est de ce type de cancer qu'a souffert Terry Fox. Mais Jean ne perd pas sa joie de vivre pour autant. À 17 ans, il entreprend tout un combat contre la maladie. Il est très chanceux, car il réagit bien aux traitements de chimiothérapie. Il peut encore marcher, mais il lui est maintenant impossible de plier sa jambe puisque les médecins ont dû remplacer son tibia par une tige de métal. Dans la vie de tous les jours, c'est un méchant ajustement ! Essayez de vous asseoir dans une auto sans plier cette partie de votre corps : vous verrez que c'est tout un défi !

Quelques années plus tard, le jeune homme en a assez d'avoir une jambe qui ne fonctionne presque plus. Il prend la décision, avec son médecin, de la faire amputer*. Ce n'est pas un choix facile ! Mais vous savez quoi ? Pour Jean, l'amputation est un soulagement. C'est qu'entre 17 et 20 ans il a beaucoup réfléchi et s'est convaincu que c'était la meilleure chose à faire. Après cette opération, il reprend goût à plein de trucs, dont l'activité physique : il découvre le hockey sur luge et réalise finalement son rêve de petit garçon ! Comme quoi la maladie, malgré la souffrance qu'elle cause, peut parfois avoir des conséquences positives.

Jean et son fils

* Amputer : enlever, à l'aide d'instruments médicaux, une partie du corps.

En 1996, il participe pour la première fois aux Championnats du monde de hockey sur luge en Suède. Toute une expérience ! C'est un moment fort pour lui : il compte son premier but sur la scène internationale alors qu'il dispute un match préliminaire contre le Japon. Jean est super fier de lui !

En 1998, il fait partie de l'équipe qui se rend à Nagano pour les Jeux paralympiques. Jamais il n'aurait cru aller aussi loin dans un sport ! Il revient de ses premiers Jeux avec une médaille d'argent au cou. Il n'aura peut-être pas patiné auprès de Guy Lafleur comme il le souhaitait enfant, mais il a atteint le plus haut niveau de compétition auquel rêvent tous les athlètes. Ce n'est pas rien !

Aujourd'hui, après avoir pris part à trois Jeux paralympiques, où il a gagné deux médailles, dont une d'or, et à cinq Championnats du monde, Jean s'apprête à jouer devant les siens à Vancouver. Il est maintenant capitaine de l'équipe canadienne de hockey sur luge. En plus, la finale se déroulera le jour de son 41e anniversaire, le 20 mars. Ses coéquipiers et lui n'ont qu'un seul but : remporter l'or devant tous les Canadiens qui seront là pour les encourager. C'est vrai que ce serait un très beau cadeau de fête !

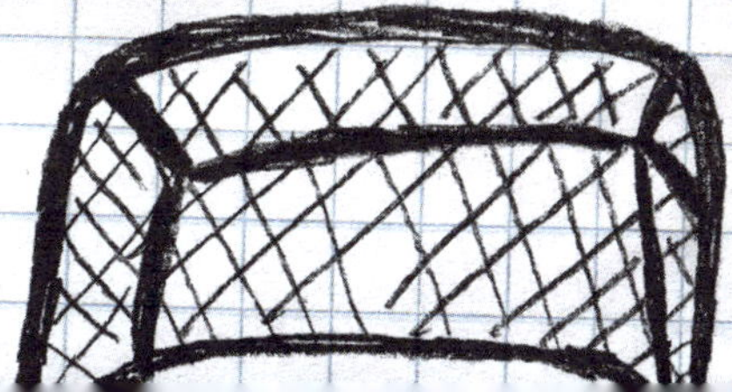

Et maintenant, parlons sport !

C'est quoi au juste, le hockey sur luge ?

En fait, c'est exactement comme le hockey traditionnel, sauf que les joueurs sont assis sur une luge montée sur des lames et ont deux bâtons au lieu d'un seul. Nos bâtons ne servent pas seulement à lancer la rondelle : comme ils sont munis de petits pics de métal à l'extrémité opposée à la palette, nous nous en servons pour nous déplacer sur la patinoire. Nous plantons les pics dans la glace, et le bâton nous sert d'appui pour nous propulser dans la direction désirée.

Comment faites-vous pour effectuer les changements de joueurs pendant la partie ?

Durant les compétitions internationales, le banc des joueurs est ajusté de façon à ce que nous puissions entrer et sortir facilement avec notre luge : il est au même niveau que la glace. En fait, il n'y a pas de banc proprement dit, puisque nous restons sur nos luges même hors de la patinoire. Une sorte de paroi en plexiglas est installée par terre pour que nous puissions circuler ; et il y a heureusement des bandes transparentes qui nous permettent de suivre le jeu. Il ne faut pas oublier que nous sommes assis très bas, presque au niveau du sol. Avec une bande normale, nous ne pourrions rien voir du tout.

Est-ce que vous vous blessez souvent ?

Il arrive parfois que nous recevions des coups de pics : j'ai quelques cicatrices pour le prouver ! Mais c'est normal, ça fait partie du jeu. Il ne faut pas penser que le fait de souffrir d'un handicap nous empêche de pratiquer un jeu physique sur la glace. Des coups d'épaule, nous en donnons et nous en recevons pendant un match. Nous sommes là pour gagner !

Avant un match important, à quoi penses-tu?

Je me sers de la pause consacrée aux hymnes nationaux pour me préparer. Pendant l'hymne de l'équipe adverse, je me concentre sur mon jeu, je visualise la partie. Lorsque l'*Ô Canada* commence, j'en profite pour penser à ceux que j'aime, mon fils, ma blonde, ma famille. Ça m'aide beaucoup à me sentir prêt pour le match.

Y a-t-il un conseil que tu voudrais donner à quelqu'un qui vit un moment difficile?

Il faut voir plus loin que ce qui nous arrive sur le moment. On a tous des obstacles à surmonter dans la vie. On a du mal à croire que quelque chose de bien puisse ressortir de nos malheurs, et pourtant, c'est vrai. C'est possible, et on doit garder cet espoir-là !

Dans mon cas, le cancer et la perte de ma jambe, deux événements quand même tragiques, m'ont permis de découvrir un sport et de le pratiquer au niveau international. Je représente mon pays à travers le monde, ce n'est pas rien. C'est la preuve qu'il faut toujours persister, quoi qu'il arrive !

Pour la première fois de l'histoire, tous les matchs de hockey sur luge seront diffusés à la télévision durant les Jeux paralympiques. Avant de voir Jean à l'œuvre, tout ce que nous pouvons lui souhaiter, c'est de s'amuser le plus possible ! Bons Jeux, Jean !

TERRAIN DE JEUX

SOLUTIONS À LA PAGE 194

Et le GaGnant est...

Attention : le gagnant est celui qui a pris le moins de temps à descendre...

Des flèches et des MOTS !

Deux petits trucs avant de commencer...
Bien suivre le sens des flèches pour inscrire les mots et ne pas tenir compte des accents sur les lettres.

	SPORT DE GLISSE AUX JO D'HIVER			INITIALES D'UNE SKIEUSE ALPINE (du Québec) / EXÉCUTION EN PATINAGE ARTISTIQUE		COPAINS / VILLE HÔTESSE DES JO DE 2006 (en Italie)	
	MÉDAILLE		ABRÉVIATION D'AVANT-MIDI				
MOIS D'HIVER / SPORT AUX JO D'HIVER							
			CHAMPION (synonyme)				
			VERBE ÉMOUVOIR AU PASSÉ		SOLO (synonyme)		
	BOISSON CHAUDE						SPORT AUX JO D'HIVER / JAMBES EN ANGLAIS
	INITIALES DE L'ARBITRE EN CHEF (du Métier super cool)		NOTE DE MUSIQUE		VERBE VOIR AU PASSÉ / INITIALES D'UNE PATINEUSE ART. (du Québec)		
						HABILLÉ (synonyme) / BON À BOIRE	
	PRÉNOM DU FONDATEUR DES JO						

LES 15 ERREURS

APRÈS

Toutes ces images ont un détail en commun. Lequel ?

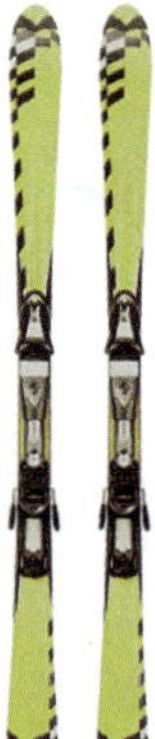

Sans réfléchir, en un seul trait de crayon, quelle médaille remporterez-vous ? L'or, l'argent, la bronze ou… celle en chocolat ?

Quelqu'un a osé lancer une balle de neige à Léon. Mais qui est-ce ?

Si vous lisez bien les indices qui suivent, vous réussirez à trouver le coupable... Bonne chasse !

Le coupable serait un athlète européen portant une tuque à pois et un foulard à rayures. La balle aurait été lancée de loin et elle serait arrivée en angle pour ainsi frapper la joue gauche de Léon.

E
F
G
H
I
J

DES CHIFFRES !

Saurez-vous associer les propositions suivantes aux bons chiffres ? C'est ce qu'on va voir...

1) Le nombre d'athlètes qui participent aux JO de Vancouver...

2) Le prix d'un billet (le moins cher) pour assister aux cérémonies d'ouverture des JO de Vancouver...

3) Le chiffre de l'édition des JO de Vancouver...

4) Le nombre de jours que dureront les compétitions des JO de Vancouver...

5) L'année de la toute première édition des JO d'hiver...

6) Le nombre de jours qu'a duré le relais de la flamme olympique 2010 à travers le pays...

7) Le nombre d'heures de différence qu'il y a entre Québec et Vancouver...

8) La somme d'argent que gagnent les bénévoles des JO de Vancouver...

9) Le nombre de bénévoles qui participent aux JO de Vancouver...

10) Le nombre de médailles que le Canada a remportées aux derniers JO d'hiver, à Turin, en 2006...

A) 17

B) 106

C) 25 000

D) 3

E) 175

F) 0

G) 24

H) 2500

I) 1924

J) 21

POUVEZ-VOUS REPRODUIRE CE DESSIN ?

Allez-y, vous êtes capables !

Où se trouvent les 3 morceaux manquants dans cette image?

A

B

C

D

E

F

COMBIEN Y A-T-IL DE CERCLES, EN TOUT, DANS CE DESSIN ?

ÉCOUTEZ BIEN CE QUI SUIT...

MILLE ET UN TRUCS ET CONSEILS DE NOS ATHLÈTES !

JASEY-JAY ANDERSON : « C'EST SUPER IMPORTANT DE FAIRE DES ÉTIREMENTS TOUT DE SUITE APRÈS UNE JOURNÉE DE PLANCHE À NEIGE. ÇA PERMET D'ÉVITER LES BLESSURES, ET SURTOUT, ÇA AIDE LES MUSCLES À RESTER BIEN SOUPLES ! LA SOUPLESSE EST ESSENTIELLE DANS LES SAUTS ET LES VIRAGES. »

JOANNIE ROCHETTE : « VOUS VOULEZ RÉUSSIR À FAIRE LE GRAND ÉCART (LA SPLIT) ET VOUS CROYEZ QUE C'EST CARRÉMENT IMPOSSIBLE POUR VOUS ? LORSQUE J'AI COMMENCÉ À PATINER, MOI NON PLUS, JE N'AURAIS JAMAIS CRU QUE JE PARVIENDRAIS UN JOUR À EXÉCUTER CE MOUVEMENT. JE M'ÉTIRAIS UN PEU, MAIS JE N'ÉTAIS VRAIMENT PAS ASSEZ FLEXIBLE. J'AI FINI PAR COMPRENDRE QU'IL ALLAIT ME FALLOIR BEAUCOUP D'ENTRAÎNEMENT ; JE ME SUIS MISE À M'ÉTIRER UNE HEURE PAR JOUR, ET FINALEMENT, J'Y SUIS ARRIVÉE ! LE TRUC POUR RÉUSSIR, C'EST D'HABITUER SES MUSCLES À CE MOUVEMENT ET D'ÊTRE PATIENT. »

FRANÇOIS-LOUIS TREMBLAY : « EN PATINAGE DE VITESSE, IL FAUT AVOIR LA MEILLEURE POUSSÉE DU PATIN GAUCHE POSSIBLE, EN ENTRÉE ET EN SORTIE DE VIRAGE. C'EST LE MOUVEMENT LE PLUS IMPORTANT, ET POURTANT, BEAUCOUP DE PATINEURS NE LE RÉUSSISSENT PAS PARFAITEMENT. ON DOIT ESSAYER D'ALLONGER LA POUSSÉE AU MAXIMUM EN ÉTIRANT LA JAMBE ET LE PATIN VERS L'ARRIÈRE POUR CRÉER LE PLUS DE VITESSE POSSIBLE. »

GENEVIÈVE SIMARD : « JE PENSE QU'UNE BONNE FAÇON DE S'AMÉLIORER, C'EST DE SKIER DANS TOUTES SORTES DE CONDITIONS ET SUR TOUTES SORTES DE TERRAINS : DANS LE BOIS, DANS LES BOSSES, SUR LES PISTES MOINS À PIC, PLUS À PIC, ETC. ÇA PERMET DE DÉVELOPPER AU MAXIMUM SES HABILETÉS ET SES RÉFLEXES ! »

ALEXANDRE BILODEAU :
« LE PLUS IMPORTANT, AVANT DE S'EXERCER À FAIRE UN SAUT DIFFICILE, C'EST DE NE JAMAIS HÉSITER ET D'AVOIR CONFIANCE EN SOI. IL NE FAUT PAS AVOIR PEUR. L'ÊTRE HUMAIN EST CAPABLE DE BEAUCOUP, PARFOIS PAS MAL PLUS QU'ON PENSE. ON DOIT SE FAIRE CONFIANCE ET FONCER. LES SAUTS NE DEVIENNENT DANGEREUX QU'À PARTIR DU MOMENT OÙ ON SE MET À HÉSITER AVANT DE LES FAIRE. »

DOMINIQUE MALTAIS : « POUR FAIRE DU CROSS EN PLANCHE À NEIGE, TU DOIS SAVOIR TE DÉBROUILLER DANS TOUTES LES FACETTES DU SPORT, C'EST-À-DIRE ÊTRE BON DANS LES VIRAGES AUTANT QUE DANS LES SAUTS. LA PASSION EST LA CLÉ DU SUCCÈS, SELON MOI ! »

ALEX HARVEY : « JE DIRAIS QUE LA MANIÈRE DONT ON ABORDE MENTALEMENT UNE COMPÉTITION EST TROP SOUVENT OUBLIÉE, OU DU MOINS NÉGLIGÉE, PAR LES ATHLÈTES. ÊTRE PRÊT PHYSIQUEMENT, C'EST UNE CHOSE, MAIS POUR VRAIMENT OFFRIR UNE PERFORMANCE EXTRAORDINAIRE, IL FAUT PRENDRE EN COMPTE TOUS LES ASPECTS DE LA COMPÉTITION, Y COMPRIS LA PRÉPARATION PSYCHOLOGIQUE. »

JEAN-PHILIPPE LE GUELLEC : « UN PETIT TRUC PRATIQUE POUR TIRER VITE ET BIEN À LA CARABINE, C'EST D'APPUYER SUR LA DÉTENTE DÈS QU'ON APERÇOIT LA CIBLE AU CENTRE DE LA MIRE. PARFOIS, PAR PEUR DE RATER SON COUP OU DE NE PAS ATTEINDRE LE CENTRE AVEC PRÉCISION, ON PEUT RESTER TROP LONGTEMPS EN POSITION ET SE FATIGUER, CE QUI NOUS AMÈNE À COMMETTRE DES ERREURS. SI ON APPUIE DÈS QU'ON A MIS EN JOUE ET QUE LA CIBLE EST AU CENTRE, ON TIRE PLUS RAPIDEMENT ET DE MANIÈRE PLUS PRÉCISE. ÇA DEMANDE JUSTE UN PEU DE COORDINATION ET D'ANTICIPATION ! »

Le truc pour bien réussir
en ski acrobatique, c'est de
prendre un bon élan...

PAUSE PUB

Votre rénovateur Ronald

Commanditaire officiel de la cérémonie de clôture

Saviez-vous ça ?

La patineuse de vitesse longue piste Clara Hughes est la seule athlète féminine canadienne à avoir gagné des médailles à des Jeux olympiques d'hiver et d'été. Toute une championne ! Lorsqu'elle ne bat pas des records en patins, c'est sur son vélo qu'elle tente de se surpasser.

En 1996, elle a remporté deux médailles de bronze en cyclisme aux Jeux d'été d'Atlanta, avant de terminer sa carrière dans cette discipline. À l'hiver 2002, elle a ajouté une troisième médaille de bronze à sa collection, sa première en patinage de vitesse. Et ce n'est pas tout : à Turin, en 2006, elle a réussi un autre doublé, mais cette fois-ci en remportant l'or et l'argent ! Elle a maintenant cinq médailles olympiques ; réussira-t-elle à en gagner d'autres à Vancouver ? On le lui souhaite de tout cœur !

RECORDS DE TOUS LES TEMPS...

... aux Jeux olympiques d'hiver

Le plus grand nombre de médailles d'or gagnées pendant une seule édition des Jeux

Chez les hommes, on peut applaudir l'Américain Eric Heiden, qui a récolté 5 médailles d'or en patinage de vitesse aux Jeux de Lake Placid, en 1980. Du côté des femmes, ce sont Lydia Skoblikova, de l'ex-URSS, et la Russe Lyubov Egorova qui détiennent le record, avec 4 médailles d'or chacune.

Le plus grand nombre de victoires consécutives remportées dans une même épreuve

Aleksandr Tikhonov, de l'ex-URSS, a gagné l'or au relais de 5 km du biathlon pendant 4 Jeux consécutifs, de 1968 à 1980. Comme quoi, quand on est bon dans quelque chose, qu'on se nourrit bien et qu'on se couche de bonne heure...

Le plus grand nombre de médailles (hommes)

En 3 participations aux JO (1992, 1994 et 1998), le fondeur norvégien Bjørn Dæhlie a récolté pas moins de 12 médailles. Pas mal... C'est 12 de plus que moi !

Le plus grand nombre de médailles (femmes)

Deux fondeuses ont récolté 10 médailles chacune : l'Italienne Stefania Belmondo et la Russe Raisa Smetanina. Mme Smetanina a participé à 5 Jeux olympiques (1976, 1980, 1984, 1988 et 1992) ! Elle avait 39 ans, presque 40, lorsqu'elle a remporté sa dernière médaille. L'Allemande Claudia Pechstein aussi a participé à 5 Olympiades d'hiver. Elle a pris sa retraite après les Jeux de Turin, en 2006.

Le plus grand nombre de participations

On compte 11 athlètes ayant participé à 6 Jeux olympiques. Quand on songe à tous les grands sportifs qui ont fait tant de sacrifices sans jamais parvenir à se qualifier... Tiens, félicitations à tous les athlètes qui ont cru au rêve olympique... même sans prendre part aux Jeux !

Le plus grand nombre d'années écoulées entre deux médailles remportées

Vingt années séparent la première et la dernière médaille gagnées respectivement par le lugeur américain John Heaton et le hockeyeur italien Richard Toriani. Par un drôle de hasard, ils ont tous deux participé aux JO de 1928 et de 1948.

Les plus jeunes médaillés

Chez les filles, l'Allemande Andrea Mitscherlich a remporté l'argent au 3000 m de patinage de vitesse des Jeux d'Innsbruck de 1976, à l'âge de 15 ans. L'Américain Scott Allen, lui, a décroché la médaille de bronze en patinage artistique aux Jeux d'Innsbruck de 1964, à l'âge de 14 ans, 363 jours et quelques miettes de toast. Le plus jeune médaillé d'or de l'histoire des Jeux est le sauteur à ski finlandais Toni Nieminen, qui a réussi cet exploit à 16 ans.

Le participant le plus âgé

Bravo à C.A.V. Kronlund, de Suède, médaillé d'argent en curling aux Jeux de Chamonix en 1924, à l'âge de 59 ans et 61 jours. Ça lui ferait 145 ans aujourd'hui. Par une étrange coïncidence, le médaillé d'or le plus âgé, le Britannique Robin Welsh, était lui aussi un joueur de curling. De là à dire que c'est un sport pépère, il n'y a qu'un pas... mais je ne le franchirai pas, le terrain est trop glissant!

Le plus grand nombre de médailles remportées aux Jeux d'été ET d'hiver par un même athlète

Deux femmes, l'Allemande Christa Luding et la Canadienne Clara Hughes, se partagent les honneurs avec 5 médailles chacune. Les deux athlètes ont excellé dans les mêmes disciplines, le cyclisme (sur piste pour Luding, sur route pour Hughes) et le patinage de vitesse. Parions qu'elles passaient tous leurs printemps et leurs automnes à s'entraîner...

L'athlète le plus médaillé à Turin en 2006

Félicitations à la Canadienne Cindy Klassen, une superrouquine médaillée 5 fois en patinage de vitesse (1 médaille d'or, 2 d'argent et 2 de bronze)!

Source : CIO

LEQUEL DE CES PAYS REMPORTERA

REMPLISSEZ CETTE GRILLE AU FUR ET À MESURE, JUSQU'À LA FIN

	1	2	3	4	5	6	7	8	9	10	11	12	13	14	15	16	17	18	19	20
ALLEMAGNE																				
AUTRICHE																				
CANADA																				
CHINE																				
CORÉE DU SUD																				
ÉTATS-UNIS																				
FINLANDE																				
FRANCE																				
ITALIE																				
NORVÈGE																				
PAYS-BAS																				
RUSSIE																				
SUÈDE																				
SUISSE																				

LE PLUS DE MÉDAILLES D'OR ?

DES JEUX, ET VOUS DÉCOUVRIREZ LE PAYS GAGNANT…

21	22	23	24	25	26	27	28	29	30	31	32	33	34	35	36	37	38	39	40	41	42	43	44	45	ET LE GAGNANT EST…

Solutions

P. 170
LES IMAGES REPRÉSENTENT TOUTES UN ÉLÉMENT QUI CONTIENT LA LETTRE « K » DANS SON NOM !
1. HOCKEYEUR 2. KOALA 3. KAYAKISTE
4. KANGOUROU 5. SKIS 6. KÉPI
7. KARATÉKA 8. KIWI 9. TANK

P. 177
162

P. 123-125
1. b) le castor 2. c)
3. b) le hockey 4. a) Ottawa
5. a) le huard 6. c)

P. 172-173 = J

P. 78-79
LOLA DIT : QUEUE - FÉE - TWO - AVEC - DÉ - RAT - QUAI - THÉ - D'ŒUFS - TEN - I - SSSSSS - DENT - LAIT - PIS - HAIE ?
(QUE FAIS-TU AVEC DES RAQUETTES DE TENNIS DANS LES PIEDS ?)
LÉON RÉPOND : J'ŒUFS - FÉE - DU - SSSSSS - PORC - TOUX - TEMPS - RÉ - Q - PAIRE - RANG !
(JE FAIS DU SPORT TOUT EN RÉCUPÉRANT !)

P. 75
1. EAU - LIN - PIQUE : OLYMPIQUES
2. VENT - COU - VERRE : VANCOUVER
3. O - QUAI - SÛR - LU - JE : HOCKEY SUR LUGE
4. B - NEZ - VOL : BÉNÉVOLE
5. PEAU - DIS - HOMME : PODIUM

P. 166
LÉON : 25 SECONDES
LE CHAT : 24 SECONDES
LOLA : 22 SECONDES
DONC, LOLA EST LA GRANDE GAGNANTE !

P. 167

R		S	G		A		T
O		K		A	M		U
	F	E	V	R	I	E	R
C		L		A	S		I
U	M	E		B		U	N
R		T	H	E		T	
L		O		S	G	E	L
I		N		Q		V	U
N	S		S	U	J		G
G		P	I	E	R	R	E

P. 103
18 FOIS

P. 176 – E

P. 168-169
1) UNE PETITE LIGNE SUR LE PIED DE SA BOTTE DROITE
2) UNE ÉCLABOUSSURE DE NEIGE
3) L'OREILLE GAUCHE DE LÉON
4) AMAS DE NEIGE PLUS LONG SUR LE SOMMET D'UNE DES MONTAGNES
5) UNE FRANGE DU FOULARD DE LÉON
6) LA LIGNE DE L'ŒIL DE LÉON
7) LA BANDE ROUGE SUR SA MITAINE GAUCHE
8) L'EXTRÉMITÉ ARRIÈRE DE LA PLANCHE A RACCOURCI
9) LE NUAGE DE DROITE EST PLUS HAUT
10) BORDURE QUI DÉLIMITE L'ÉPAISSEUR DE LA PLANCHE
11) TOUFFE DE CHEVEUX DE LÉON PLUS COURTE
12) UNE GANSE DE SES LUNETTES DE SKI
13) L'ATTACHE POUR SON PIED GAUCHE, SUR SA PLANCHE
14) LE FOULARD EST PLUS LONG
15) UNE LIGNE ENTRE DEUX COURBES DANS LE NUAGE DE GAUCHE

P. 174
1) H 2) E 3) J
4) A 5) I 6) B
7) D 8) F 9) C
10) G

Annie Groovie voit le jour le 11 avril 1970, à 19 h 15, en plein souper de cabane à sucre. Elle grandit heureuse et comblée à Québec. Très tôt, elle développe un goût profond pour la création (et pour les sucreries...). Dès l'âge de huit ans, elle remporte son premier concours de dessin, grâce à son originalité.

Annie est diplômée en arts plastiques et bachelière en communications graphiques. Elle exerce le métier de conceptrice publicitaire depuis plusieurs années à Montréal, où elle habite depuis 1994 (eh oui, elle vieillit...).

Annie est une grande adepte de la gymnastique ainsi qu'une mordue de cirque et d'acrobaties de toutes sortes. En 1997, elle est sélectionnée par le Cirque du monde et part trois mois au Chili pour enseigner les arts du cirque aux enfants de la rue.

En 2003, Annie Groovie se découvre une toute nouvelle passion : la création de livres pour enfants. Aujourd'hui, les albums consacrés à son personnage de Léon « roulent » à merveille, et on peut même voir Léon à la télé, dans des dessins animés !

DANS LA MÊME COLLECTION

DÉLIRONS AVEC LÉON

2008

DES HEURES DE PLAISIR !

2010

Les éditions de la courte échelle inc.
5243, boul. Saint-Laurent
Montréal (Québec) H2T 1S4
www.courteechelle.com

Athlète multidisciplinaire : Annie Groovie
Quadruple médaillée d'or à la collaboration au contenu, recherche, entrevues et rédaction : Joëlle Hébert
Champion de la rédaction : Martin Bernier
Sprinteuse étoile ayant collaboré à la direction artistique et aux illustrations : Émilie Beaudoin
Vainqueur dans toutes les disciplines reliées à l'infographie : Nathalie Thomas
Juges experts en langue française à la révision : André Lambert et Valérie Quintal
Coach : Franck Blaess

Une idée originale d'Annie Groovie

Dépôt légal, 1er trimestre 2010
Bibliothèque nationale du Québec

La courte échelle reconnaît l'aide financière du gouvernement du Canada par l'entremise du Programme d'aide au développement de l'industrie de l'édition pour ses activités d'édition. La courte échelle est aussi inscrite au programme de subvention globale du Conseil des Arts du Canada et reçoit l'appui du gouvernement du Québec par l'intermédiaire de la SODEC.

La courte échelle bénéficie également du Programme de crédit d'impôt pour l'édition de livres — Gestion SODEC — du gouvernement du Québec.

Catalogage avant publication de Bibliothèque et Archives nationales du Québec et Bibliothèque et Archives Canada

Groovie, Annie

Délirons avec Léon. Spécial Jeux d'hiver :
BD, gags, jeux et plus encore !

Pour enfants de 8 ans et plus.

ISBN 978-2-89651-197-6

1. Jeux olympiques d'hiver - Ouvrages pour la jeunesse. 2. Jeux intellectuels - Ouvrages pour la jeunesse.
I. Titre. II. Titre : Spécial Jeux d'hiver.

GV796.53.G762 2010 j796.98 C2009-941123-7

Imprimé en Malaisie